ストック活用型不動産事業こそ、地域密着！

～京都の事例から学ぶ～

はじめに

本書は、ストック活用型社会に向けて、地域に根ざした中小の不動産事業者の役割に着目し、その重要性と可能性を考察することを目的としている。ライフスタイルや家族、経済事情が多様化する中、そしてコロナ禍を経験している中でいま、住宅へのニーズが多様化している。このニーズを満たすには、新築の供給だけでなく、住宅ストック、つまり既存住宅を活用する環境を整備することが購入者の選択肢を増やすことにつながる。「中古はちょっと…」という抵抗を抱かれるかもしれないが、近年はストック活用の環境も大きく変化してきている。ストックを活用することで、生活満足度の向上や都市の活力を維持・向上させることも期待できることを、本書を通じて紹介したい。それを実現するために大きな役割を果たすのが、地域に密着する中小の不動産業者なのである。

なぜ、ストック活用が求められるのか？

ストックの活用とは、「『いま存在しているもの』を新しいニーズに合わせて手を加え、再利用すること」、とここでは定義したい。では、ストック活用の必要性が高まっている背景に、何があるのだろうか。まずそれを見ていくことにする。

①環境への配慮

近年は、地球環境だけでなく身近な環境保護への関心が高まっている。毎年のように襲う大型台風や熱中症が心配されるほどの高い気温など、地球温暖化の影響とみられる変化は私たちの生活の中でも実感でき、多くの人が身近な危機と感じている。さらに、マイクロプラスチックをはじめとした海洋汚染や野生生物への影響などが報じられ、個々の行動の責任が問われる機会が増加している。大量生産・大量消費のスタイルが見直されていく中、産業廃棄物の排出量の約2割を占める建設業にはとりわけ環境保護意識の必要性が強く指摘され、住宅の解体と新築は資源とエネルギーの大きな消費を伴うことから、その負荷を減らすためにもストック活用への転換が重要になってきているのである。

②空き家の増加

私たちはすでに人口減少社会に突入しているが、それでも毎年80万戸程度の住宅が新築されている。差し引きを考えれば、毎年使われなくなる住宅、つまり空き家は増え続けていることがわかる。空き家の増加により地域社会への様々な影響、災害時の危険性、外部不経済などが指摘されるようになり、多くの人々の不安をかき立て、誰もが当事者になり得ることの理解も進みつつある。

空き家問題への関心の高まり、そして各自治体で取り組まれる条例制定などの空き家問題対策を踏まえて、政府は2015年2月に「空家等対策の推進に関する特別措置法」を施行した。これにより①危険なものは撤去する、②所有者の責任を明らかにし、リフォームの支援など使用可能なものは積極的に活用する、③既存住宅流通市場で取引させる、という方針が示されたことで、各自治体が空き家の状況に応じて対策を講じることが可能となった。

一方、これまで流通の俎上になかった空き家が、移住者の住まいや新しい事業や活動の拠点等として使われるようになり、個人や家族の暮らしの選択肢を増加させる契機になっているなど、地域の活力向上や生活満足度の向上につながる例もみられるようになった。

③リノベーション・カルチャーの浸透

近年「リノベーションまちづくり」という言葉をよく耳にする。これは、地域の住宅や事業所、倉庫、オフィスビルなどの老朽ストックを改修し、そこを核に地域の活性化を誘引する展開を指す。ＤＩＹによる住宅などの改修は以前から行われてきたが、近年は第三者が空き家や空きビル活用を通じてまちの魅力づくりを視野に入れて支援する、またはビジネスとして支援する動きが全国各地で見られる。これらの動きは多様なメディアやＳＮＳ等を通じて感性や関心を同じくするコミュニティに浸透し、運動として広がっている。空き家や空きビル再生だけではなく、「エリア価値の向上」を謳い、地域経済への波及効果を期待しているところもある。京都市内では、上京区の西陣地域や中京区都心部の細街路の小規模な京町家でいち早くストックを活用したギャラリーや事業所、店舗への展開が見られるようになっており、高経年の建物に現代的価値を発見する場にもなっている。

④不動産事業を取り巻く環境の変化

２０１９年４月に出された「不動産業ビジョン２０３０」（社会資本整備審議会産業分科会不動産部会）

に、興味深い内容が記されている。「(不動産事業者は) 時代や地域のニーズを的確に把握し、それに応えうる不動産を形成するとともに、それらが社会において最適に活用されること、いわば『不動産最適活用』を通じて、個人・企業・社会それぞれにとって価値創造の最大化を支えることが期待される」と謳っている。

いわゆるバブル崩壊により、土地は値下がりしないという「土地神話」は崩壊し、2008年のリーマンショックを経た不動産投資への不信感などもあり、不動産業界には「なんとなく、信用できない」というイメージを持たれる向きもあるだろう。不動産事業者は、全国に約26・7万社存在するが(2016年、総務省「経済センサス」による)、資本金規模が1千万円未満の法人が全体の64%を占め、従業者が10名未満の事業所が全体の9割以上を占めており、中小・零細企業が非常に多い業種である。つまり、不動産業の多数は、「あの賃貸アパートの大家さん」「近所にある、あそこの事業所」であり、地域の不動産の仲介や売買などを中心に、身近な活動をしているところなのである。不動産業の業態は開発や投資等も含むが、多数は「賃貸」「仲介」や「管理」を担う事業者である。

住宅を所有するのではなく借りるという選択をする人が増えている中、今後は賃貸住宅のあり方も大きな課題となっていく。同ビジョンでは、「流通」業者は「地域の守り手として地域活性化を支える存在」、「管理」業者は「資産価値の維持・向上を通じたストック型社会の実現」「コミュニティ形成、高齢者見守りなど付加価値サービスの提供」など、地域におけるまちづくりでの不動産事業者の役割が明示されている。つまり、不動産事業者には、まちづくりで役割を担う、地域密着型の事業が期待されていることを示している。このような記述は今回がはじめてのことであり、不動産業を取り巻く環境の変化とともに、役割の変化も示している。

ストック活用不動産事業で住まい探し？

ストック活用は、住宅を探す人にとっては「いまある住宅」「住宅が立地するまち」を直に見て検討することができるので、満足度の高い暮らしの実現を可能にする。さらに自分や家族のライフステージに応じて、嗜好をしっかりと考え、それに適合する住まいを探すことができる。もちろん、傷みの補修や耐震性の向上といった性能や美観については、予算に応じて手を加えることを前提とする。まちの不動産を扱う事業者にとっては、まちのストックを扱うことはいまある物件を事業の対象とすることから、持続的な事業を可能にする。そして歴史的ストックを抱える市街地にとっては、スクラップ・アンド・ビルドと異なり、まちの記憶や文化を継承することができる。規模の小さな経済活動で、ゆるやかなまちの性能向上につながることは、まちなみだけでなくそのプロセスも魅力的なまちとして多くの人に支持される可能性も高い。

これまで、まちづくりにおいて中小の不動産事業者はあまり注目を集めてこなかった。しかしこれからの持続可能なまちづくりにおいては、重要な役割を果たすことが期待されている。

本書の研究の舞台は、京都

一般に、「古い中古住宅は価値が低く、売れないのでは」「ボロボロで屋根も床も傾いているのでもう住めない」「貸したくても借り手がいないのでは」と思われがちだろう。しかし、京都市内では築

１００年程度の木造住宅が流通し、住宅としてだけでなく、店舗や事業所、宿泊施設、福祉施設や大学のキャンパスなど、多用途に利用されている。「京町家は歴史的な建物で特別だから」と思われるかもしれない。しかし、京町家は大規模で文化財に指定されたものもあるが、多くは庶民が暮らし、商いをしていた小規模で慎ましいものである。そして改修前は屋根も床も傾いていたものも少なくない。このような町家は、全国各地に存在している。しかし、京都市内のように活発な流通がなされている地域は、全国的には少ないと思われる。なぜ、京都市内は高経年で既存不適格の住宅が、住宅市場で流通しているのか。その理由を本書では解明していきたい。先立って重要な事実を申し上げておくと、「不動産事業者や民間の市民活動が大きな役割を果たしている」ということ。本書ではこれを明らかにするために、京都市内の京町家など高経年建築物の活用・流通の状況、それを手がける事業者の調査を行い、これを可能にしている仕組みや体制、流通・活用の環境の考察を行った。個別解ではなく普遍的な環境を見いだすことで、全国のストックを多数抱える市街地において、それらの活用を行い、市場環境を成立させるためのヒントを見いだしたい。

目次

第一章　ストック活用型社会を牽引する、既存住宅流通

なぜ、地域密着型不動産事業に着目するのか

本書では、ストック活用の推進のために不動産事業について考察していくが、中でもそれを担う事業者に着目している。不動産事業者というのは、これまで研究の対象やまちづくりの担い手としてあまり着目されてこなかった。私たちが賃貸住宅を借りるにしろ、建売住宅を購入するにしろ、不動産事業者は身近な存在であるにもかかわらず、である。不動産事業者の中には高度成長期以降50年近く地域で事業をしており、そのまちの歴史や特徴、課題、まちづくりなどの情報に詳しく、時に窓口になってくれるところも少なくない。ところが多くの人は、住宅を買うにも、賃貸住宅を探すにも、そして売却するときにも「大手の方が信頼できるのではないか」と何の根拠もなくポスティング等でおなじみの大手の名前だけで選んだりしている。今回検討する舞台である京都市内も、そのような状況がみられる。しかし、ストック活用を検討するのであれば、地域の事業者は重要な役割を担えるのではないか。そもそも、ストックというのは物理的な住宅だけでなく、その住宅を取り巻くまち、祭りや風習、歴史など有形無形のものも含んでのストックである。これらの情報や取り扱いにおいてこそ、地域に長く根付く事業者は大きな役割を果たせるのではないか。ストックを扱う際は、既存不適格の

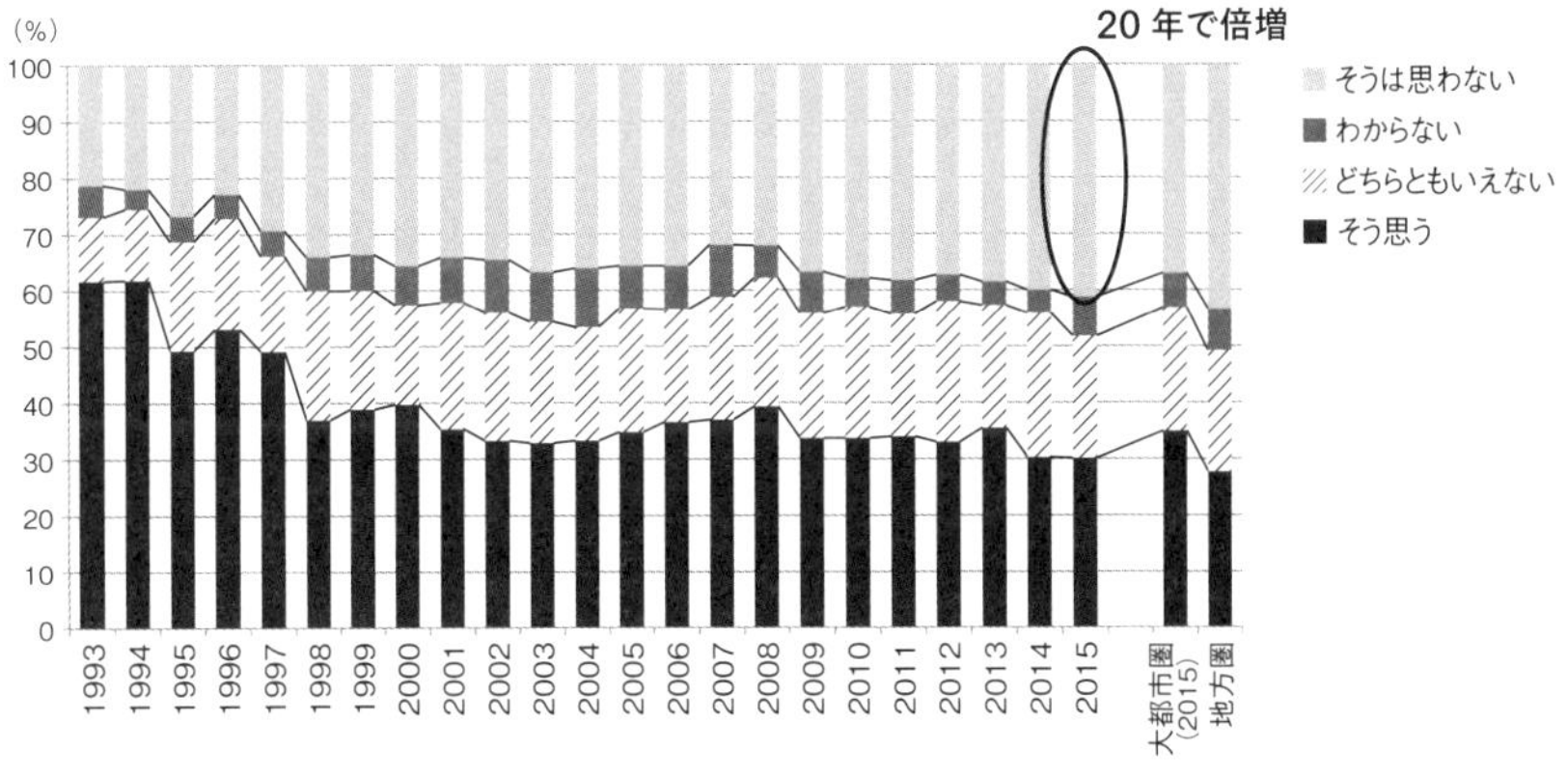

出典：国土交通省「土地問題に関する国民の意識調査」

図 1-1　土地を資産と見なさない人の推移

問題がある。これらの扱いには建築行政の判断が必要で、これらは自治体によって扱いが異なることが多い。さらに、ストックを扱うには、手間も時間もコストもかかる。このような仕事は、大手は敬遠しがちだろう。つまり、ストック活用にじっくりと取り組むには、中小の不動産事業者こそが相応しい担い手といえる。

住宅を所有しないという選択肢と既存住宅の流通

土地を資産と見なさない層の増加が観察される（**図1－1**）。ご覧のように、この20年で2倍に増えている。これは日本が低成長時代に入り、また終身雇用制度が終焉していく中で、ローンを抱えて住宅を購入するリスクを敬遠する若年世帯が増加していることと、「ビンテージ」の概念にあるように、お仕着せのものに満足せず年月を経たものの中に新しい価値を見いだし、そこに自分の個性を投影する生き方が広まり、それが住宅の分野にまで押し広げられたことがあげられる。かつては「庭付き戸建ての郊外住宅」を国民はいっせいに目指したが、現在はライフステージに応じて軽やかに転居したり、自身が手を加えることで住み心地を確保する

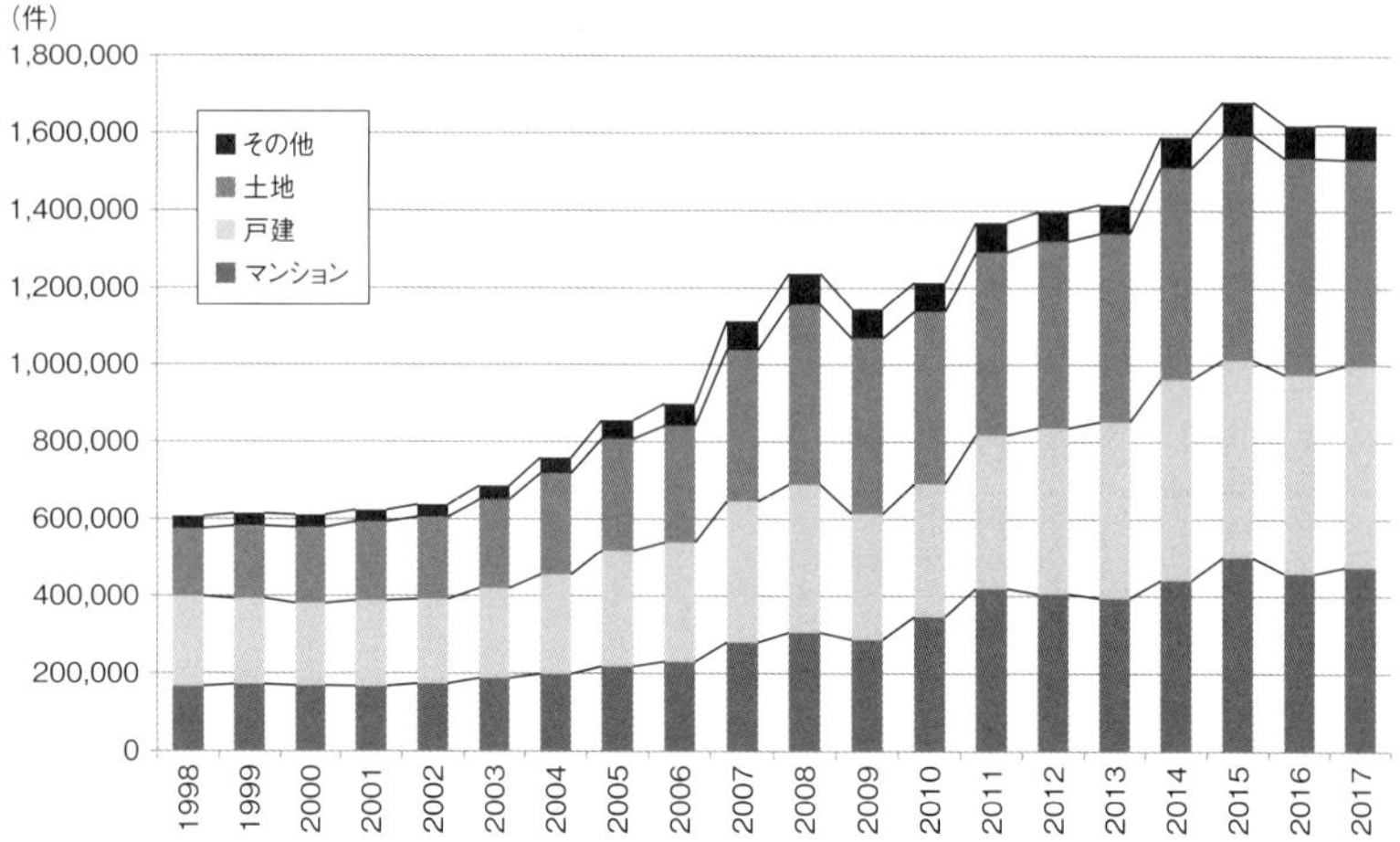

出典：国土交通省「住宅経済関連データ」
公益財団法人不動産流通近代化センター「指定流通機構の活用状況について」より作成

図 1-2　徐々に増加している既存住宅流通

など、住まい選びに多様な選択肢が存在しているといえる。

国土交通省が2015年に行った既存住宅を選んだ人に対するアンケートによると、「既存住宅の方が経済的だから」（58・6％）、「リフォームを行い間取りや仕様を自由に設計できるから」（20・7％）、「立地を自由に選べるから」（17・2％）と、合理的な判断および経済的な事情で選んでいることがわかる。

それでは、既存住宅を選択している人はどれくらい増加しているのだろうか。1998年から2017年までの既存住宅の流通量を見てみる（**図1―2**）。約20年間に、既存住宅の流通量はおよそ2・6倍に増加しており、新築を含んだ全住宅流通量に占める割合は、徐々にではあるが増加傾向にある。

変わり続ける、住宅供給と住宅ニーズ

ここで、戦後復興期から現在の人口減少期に至る住宅供給の動きやストック活用の動きの変遷を見てみよう（**図1―3**）。戦後の住宅が不足していた時代から、空き家が年々増

	戦後復興期 1945～1955	高度成長期 1956～1973	安定成長期 1974～1985	バブル期 1986～1992	低成長期 1993～2009	人口減少期 2010～
住宅供給の動き	住宅金融公庫発足（1950～07） 公営住宅法（1951）	日本住宅公団（1955～1981） 住宅建設五箇年計画①（1966）1世帯1住宅 住宅建設五箇年計画②（71）1人1室	住宅建設五箇年計画③（76）最低居住水準 住宅建設五箇年計画④（81）住環境水準	住宅建設五箇年計画⑤（86）誘導居住水準 住宅建設五箇年計画⑥（91）高齢者対応	住宅品確法（99） 住宅建設五箇年計画⑦（96）借家対応	長期優良住宅制度（08） 住生活基本法（06）
ストック活用の動き					**量から質へ** 中古住宅瑕疵保証制度（01） 中古住宅性能表示制度（04） マンション建替え円滑化法（04） **2000年頃から既存住宅流通の動き**	空き家特措法（15）
くらし・文化関連	第一次ベビーブーム（1947～49）	●東京オリンピック（1964） 第二次ベビーブーム（1971～74）	文化財保護法（75）	共働き世帯が専業主婦世帯と逆転（97） 借地借家法改正（91）	住宅セーフティネット法（07） ハートビル法（94） 人口が自然減へ（05） 阪神淡路大震災（1995）	東日本大震災（2011）
空き家率（%）		2.0（1958） 4.0（68）	7.6（78）	9.4（88）	11.5（98） 13.1（08）	13.5（13）
特徴的な動き	～1970 圧倒的な住宅不足と大量供給	マンションブーム 居住水準向上に向けた動き	欠陥住宅問題への関心の高まり（～2000頃）	住まいに住民が積極的に関わる動き再燃 1998 リノベーション住宅の潮流の生まれと拡がり	空き家は年々増加 2001 リノベーションまちづくりの展開 2007 シェアハウスの拡がり	

図 1-3　住宅関連施策の変遷と関連するトピック

加し「家余り」「都市のスポンジ化」と称される事象が発生するまでの約70年間について、住宅政策がどのように展開されたのか、住宅へのニーズと関連する社会的事象を整理している。

戦後は住宅の不足を補うために公的住宅の大量供給が行われ、公営住宅は低所得者層を対象に、中間所得層には公団住宅や公社住宅を、そして中・高所得層には持家を促進すべく公庫融資がそれぞれ政策により推進された。住宅取得控除などの経済的なインセンティブも手伝い、1970年代初頭には世帯数よりも住宅ストック数が上回り、数字上は量の充足が図られた。その後は「量から質へ」と居住水準の向上や良質な住宅供給に向けた住宅施策への転換が図られた。いわゆるバブル経済崩壊後の低成長期には、既存ストックをリノベーションする新しい動きが芽生え、このような従来のスクラップ・アンド・ビルドのフロー型のものとは異なるストック活用型の展開は、従来の住宅供給方法や暮らし方に対するアンチテーゼのような動きとして若い世代を中心に歓迎された。

次に、住宅を供給する主体について見てみよう。戦後は圧倒的な量の不足を補うために公的な団体が住宅の供給主体となり、計画的に取り組み大量供給に大いに貢献した。1960年頃には住宅メーカーによりプレハブ住宅の供給が加速し、加えて鉄道会社等による沿線開発とともに民間大手企業も大量に住宅の供給を進めた。何度かのブームをもたらしながらマンションの建設も進み、宅地開発を伴う住宅の大量供給が進められ、住宅の商品化も急速に進んでいった。高度成長期には中小の建設会社や不動産会社がいわゆる〝ミニ開発〟等を行い多くの住宅が供給され、持家取得に貢献した。

近年は低成長時代に入り、また住宅の所有を希望しない層が増加するなど状況が大きく異なってきており、リノベーションブームに乗り、ストックを活用して住宅を供給する事業者が登場している。

	A		B
供給者規模	大手資本・組織	→	中小零細
開発規模	大	→	小
エリア	郊外	→	まちなか
住　宅	大量均一	→	少量カスタマイズ
対　象	不特定多数・核家族	→	特定多数・多様な家族

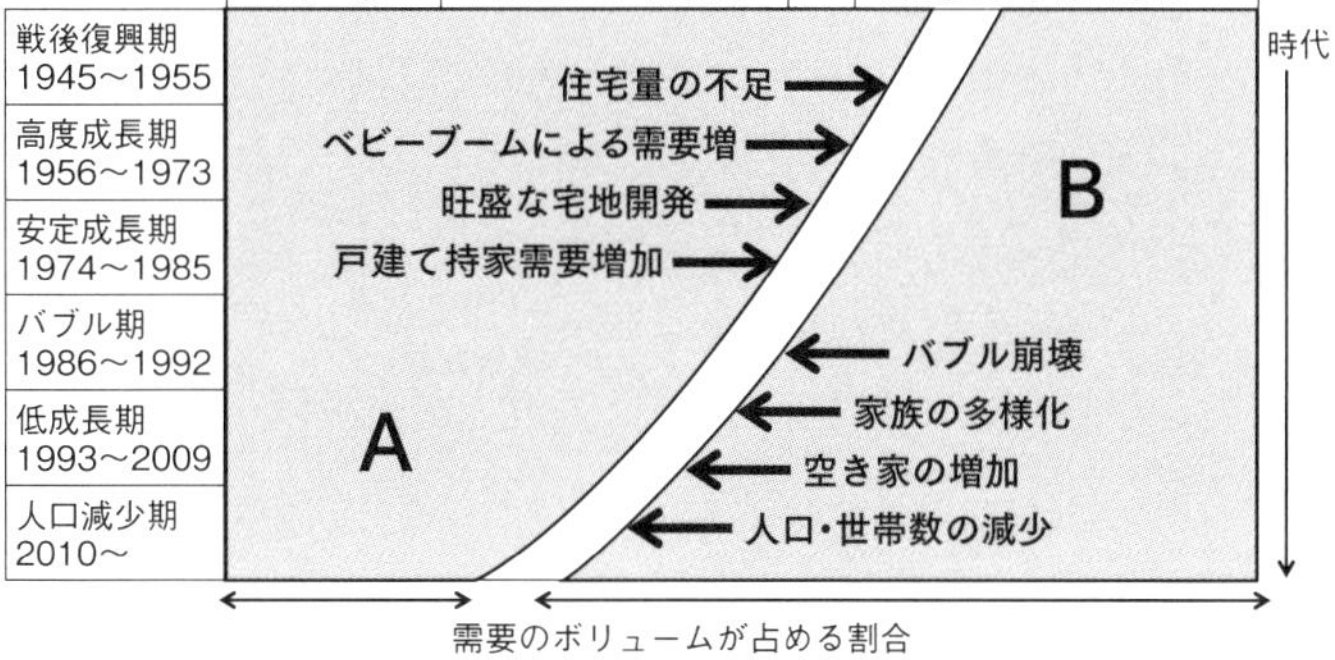

図 1-4　住宅供給者と対象の変遷

こうしたストック活用は、従来の事業規模よりも小規模になるため、大手や中堅の事業者にとっては魅力的な事業とはいえない。そこで、地域に根ざした中小零細の事業者がストック活用事業を手がけることが多くなっている。このように、住宅を供給する主体はより小規模な事業者、さらには個人へと推移している。

図1-4に示すように、戦後から現在まで住宅供給の担い手はニーズや社会背景を受けて徐々に変化してきており、今後はいっそうBを担う中小零細事業者の役割が大きくなってくると推測できる。

京都市内の住宅ストックと流通

今回検討する京都市の住宅ストックとその流通量を見てみよう。京都市は、非戦災都市であり、戦前の住宅が都心部を中心に多数継承されている。また、耐震基準が更新された1981年以前のいわゆる「旧耐震基準住宅」も数多くある。また新耐震基準といえど築年数を経た住宅も多い。他の歴史

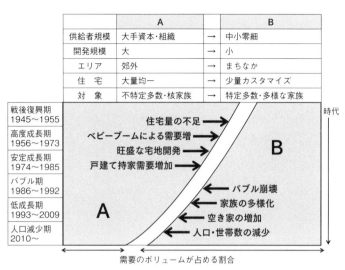

的市街地同様、高経年の木造住宅が多数継承されているのも特徴である。中には、戦前に建てられた京町家も多く含まれている。

京都市内の既存住宅の流通量を見てみよう。本来、既存住宅の流通量を正確に把握するのは困難である。というのは、新築住宅であれば行政への確認申請手続きが必要であるが、既存住宅については一定規模以下の改修や用途変更の際は届け出が不要であるため、流通は民間相互の取引が多く悉皆的に把握する術はない。そこで流通のデータ収集は、国土交通省の「土地総合情報システム」[1]で公開されている京都市内不動産取引価格情報のうち、2005年から2017年まで市内で流通した既存住宅の全データを採用した（戸建て住宅21、839戸）。戸建て住宅について、行政区ごとの取引数、そのうち私道に面した物件数とその割合、取引された㎡単価、そして狭小住宅（ここでは延べ面積が100㎡以下）とその割合を**表1－1**で示している。ここで私道に面した住宅や狭小住宅について取り上げるのは、これらの住宅は、資産保持および家族への継承の観点から、従来は商品として捉えられてこなかったが、家族の変化や多様な価値観が広がっている中、これらを選択する人がいると想定してのことである。

データによると、狭小住宅が既存住宅の流通の60％を占めており、中でも中京区、南区が高く69％を占めていた。上京区も67％と高い。歴史的市街地である中京区と上京区は戦前に建てられた京町家も多く継承されており、京都市内には約4万軒存在している。既存住宅として流通しているものとして、京町家も少なくないと推測される。私道に面した住宅が占める割合はとりわけ右京区と南区のように、ミニ開発が面的に広がっている地域を多く抱える行政区において高い割合を占めている。

表 1-1　京都市内行政区別既存住宅流通量（2005～2017）

	取引物件数（件）	私道に面した物件数（件）	私道に面する物件が占める割合（%）	㎡単価平均（円）	狭小住宅件数（面積 100㎡以下）（件）	取引量のうち狭小住宅割合（%）
右京区	3,013	1,443	48%	273,325	1,878	62%
下京区	1,255	300	24%	486,917	811	65%
左京区	2,281	567	25%	295,914	1,000	44%
山科区	2,065	882	43%	205,557	1,360	66%
上京区	1,205	353	29%	359,625	804	67%
西京区	2,259	793	35%	279,245	1,126	50%
中京区	1,570	418	27%	583,891	1,077	69%
東山区	776	272	35%	418,555	523	67%
南区	1,519	417	27%	272,733	1,054	69%
伏見区	3,841	1,216	32%	218,294	2,307	60%
北区	2,055	522	25%	302,041	1,132	55%
	（全市合計）21,839	（全市合計）7,183	（全市平均）33%	（全市平均）336,009	（全市合計）13,072	（全市平均）60%

出典：国土交通省「土地総合情報システム不動産取引価格情報」を基に作成

以上から、京都市内では家族の小規模化、世帯規模の縮小などのニーズに応えうる高経年ストックの流通が活発に行われていることが観察できた。京都市内では、高経年の住宅ストックが多く、中でも近年、住宅や事業所、店舗、宿泊施設などで利用者の幅を広げている京町家の流通が増加していると考えられる。これらは中心市街地に多く、昨今の「京町家ブーム」に乗り、数多く活用事例が見られる。これは、家族の変化や不動産への価値観、経済状況の変化などだけではなく、「新しい＝性能が安定していて良い」という価値観だけでは測らない層の出現を表していると考えられる。

次章では、なぜ、京町家は流通を拡大することができたのか、その理由を探ってみたい。

第二章　京町家流通拡大の理由

リノベーションの動きと期待

空き家問題への関心の高まりは先に触れたとおりだが、近年は空き家を対象にリノベーションを行い、暮らしや事業の拠点としての活用やまちづくりへの展開といった関心も高まっている。空き家をリーズナブルに取得し、あるいは賃貸し、手を加えて自分好みの居住環境等を整える行為が増加している。これらのストック活用行為は、環境負荷の軽減や住文化の継承の観点からも評価されており、また住まい方の選択肢を増やす手段としても期待されている。そして人の手が加わることで、老朽化していても耐震性や耐久性などの改善が行われ、躯体の健全化が図られ地域への外部不経済を抑えるとともに、地域の活力向上に寄与している事例も観察される。

歴史的建築ストックの活用

空き家などのストックを活用する行為のうち、とりわけ地域の伝統的な建築様式を備えたものの利活用を見てみよう。現在、全国各地で様々な歴史的建築ストックの利活用が進められている。**図2－1**に示すように、利活用は建物の入手方法、リノベーション主体、用途などの違いによって複数の流れに分類できる。その流れの多くで、歴史的景観を変えることなく新たな住まい手を迎え、空き家問題を緩和する効果を上げるとともに、地域の歴史や文化などの無形の価値を継承する効果が見られる。加えてＵターンや他地域からの移住の受け皿として地域の活力を醸成する効果を見せているところもある。建築ストックの状態は、それが建てられた経緯や経てきた時間ごとに異なり、新築のように性能は一定ではない。このため、規模の大小や質の良否、歴史的な価値等多様に存在しており、活用の手法も多様である。

戦前の建築物は、１９５０年制定の建築基準法上の既存不適格建築物にあたり、その利活用には制限が加わることが多く、一般の住宅市場では流通しにくかった。文化財等の指定を受けていれば建築基準法の適用は除外となるが、多くの住宅建築はそうはなっていない。特に伝統構法の建築物は、改修にあたって耐震性や防火性能を確保するためのコストや技術、意匠の改変が課題となることもある。

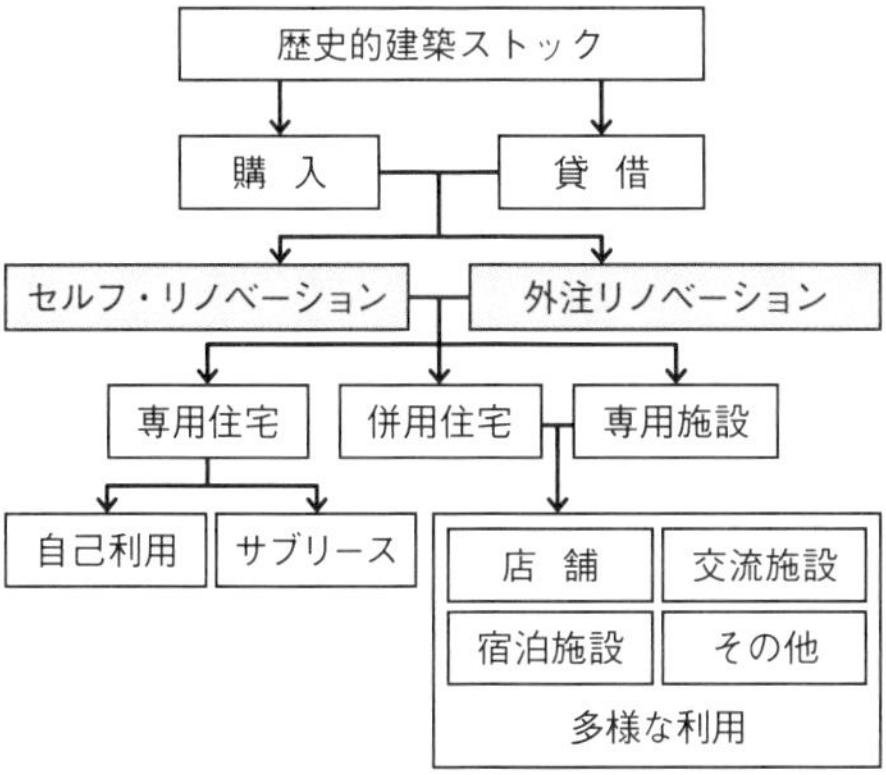

図 2-1　歴史的建築ストック利活用のフロー

京都市内の京町家利活用の動き

京都市内では２０００年頃から、京都の伝統的建築様式を備えた民家である京町家を利活用する事例が増えている。とりわけ伝統構法の木造住宅はその構法の特性上、手を加えることで長期間の使用が可能になり、

表 2-1　京町家を支援する行政施策

	名　称	概　要
計　画	京町家再生プラン（2000年）	京町家の歴史、現代的役割を明確にし、再生の課題を踏まえた上で取り組むべき項目をアクションプラン 21 としてまとめた。
	京町家　耐震診断・改修の手引き（2007年）	伝統構法の建築を対象とする限界耐力計算の簡易法に基づき、耐震診断・改修の方法を示す手引き書を作成。
	京都市伝統的な木造建築物の保全及び活用に関する条例（2012年）	文化財だけでなく景観法に基づく景観重要建造物であれば、安全性が確保されれば法の適用を除外する。
	京町家できること集の発行（2013年）	京町家を保全・再生するために建築基準法の基で可能な内容を分かりやすくまとめた。
実施調査等	京町家まちづくり調査（1998年）	市民ボランティアとともに歴史的市街地の悉皆調査を行い、約 28,000 軒の存在を明らかにした。
	京町家をモデルとした不動産証券化促進に関する調査（2003年）	市内NPOや事業者と連携して３軒の京町家の改修・リーシングを行い試行的に実施した。
	京町家まちづくり調査（2008 ～ 2009年）	戦前に市街化されていた地域及び旧街道沿いも対処を広げ、約 48,000 軒の存在を明らかにした。
	不動産管理信託による京町家の活用策に関する調査・研究（2009年）	不動産管理信託を利用して、市内NPOや事業者と連携して京町家を価値要する仕組みにおける行政の役割を検証した。
支援策	京町家耐震診断士派遣制度　及び　京町家耐震改修助成制度（2007年）	耐震診断は自己負担 5,000 円で京町家耐震診断士の派遣を受けられる。改修助成は、その費用の一部が助成される。
	まちの匠の知恵を活かした京都型耐震リフォーム支援事業（2012年）	改修助成は、改修工事をメニュー化し、その費用の一部が助成される。
	住まい耐震支援窓口（2010年）	耐震診断から耐震改修のワンストップ窓口を京（みやこ）安心住まいセンターに設置。
	京町家まちづくりファンド（2006年～）	京町家等を伝統的意匠に改修する際、最大 500 万円の改修助成が供出される。

だからこそ築１００年を超えるものも現在まで住み継がれている。近年は、人口減少や家族構成の変化、職業の多様化などにより、京町家は職住の場として利用されるだけでなく多用途に利活用されている。この背景には、２０００年に定期借家制度がスタートし、町家所有者が賃貸住宅市場に町家を供給しやすくなったことがある。加えて、利活用を後押しする行政施策が多く存在しており（**表２－１**）、２０００年の京町家再生プランに始まる多様な支援策がある。現在京都市内には約４万軒の京町家が存在しており（２０１６年度調査）、これらの継続的あるいは流通を通じた利活用を進めながら、魅力的な都市づくりを進めることが求められている。そのために、所有者の維持管理費など費用の負担を軽減しながら、流通の促進を図り住宅市場の中で適正に評価し、活用を進めることが重要である。

これら京町家の利活用や流通を支える仕組みには、需要側を支えるもの、供給側を支えるもの、そして両者の橋渡しを行うものがある。行政施策だけでなく、民間事

表 2-2　京町家を支援する民間団体等の取組

	内　容	実施主体
需要側へのサポート	「京町家カルテ」「京町家プロフィール」を発行し、京町家の歴史や履歴を編集する	公財）京都市景観・まちづくりセンター
	上記「京町家プロフィール」を有する物件に対して、低利の金融商品を提供	京都信用金庫、京都中央信用金庫、京都銀行
供給側・住まい手へのサポート	所有者・居住者を対象に各種専門家が相談体制を整えている	京町家居住者支援会議
	調査研究やシンポジウムの開催による普及啓発活動	NPO）京町家再生研究会
	京町家の保全･再生の技術者集団で構成し、実務を行う	京町家作事組
	古建築及び古材の保存・活用を目的とし、建築文化と技能の継承を目的に活動	NPO）古材文化の会
	相続の手続のアドバイスや生前相続相談、不動産の活用処分等に対応	一社）相続相談センター
	司法書士や弁護士で構成し、承継支援型民事信託スキーム等の提案を行う	京町家承継促進研究会
両者の橋渡し	京都市内の京町家を扱う事業者が京町家の貸し手、借り手の橋渡しを行う	京町家情報センター
	西陣地区を中心に物件照会や修理、相談などを主としてネットを通じて活動	町家倶楽部ネットワーク

業者も多様な活動を展開しているのが、京都市内の大きな特徴である（表２－２）。

需要側を支える仕組みとしては、①情報入手時、②契約・ファイナンス時、にサポートが行われる。供給側を支える仕組みとしては、①窓口相談時、②維持管理・改修時、③権利移行時、のそれぞれの段階に複数の団体がサポートを行っている。

京町家流通のシェア

次に、どれくらいの京町家が利活用及び流通しているのかを見てみたい。京町家の改修では、建築物の延べ面積が２００㎡未満の用途変更や過半未満の大規模修繕であれば、建築確認申請の義務はない。もちろん申請の義務はなくても建築主は安全性を確保する義務を負う。建築確認申請を行う工事等は統計資料でその数を知ることができるが、京町家の改修はその手続きを経ずに改修・流通しているものが多いため、その数を把握する術がなく、実態は不詳である。バリアフリー法に基づく手続きでは改修にあたっては行政との事前協議を要するが、対象と

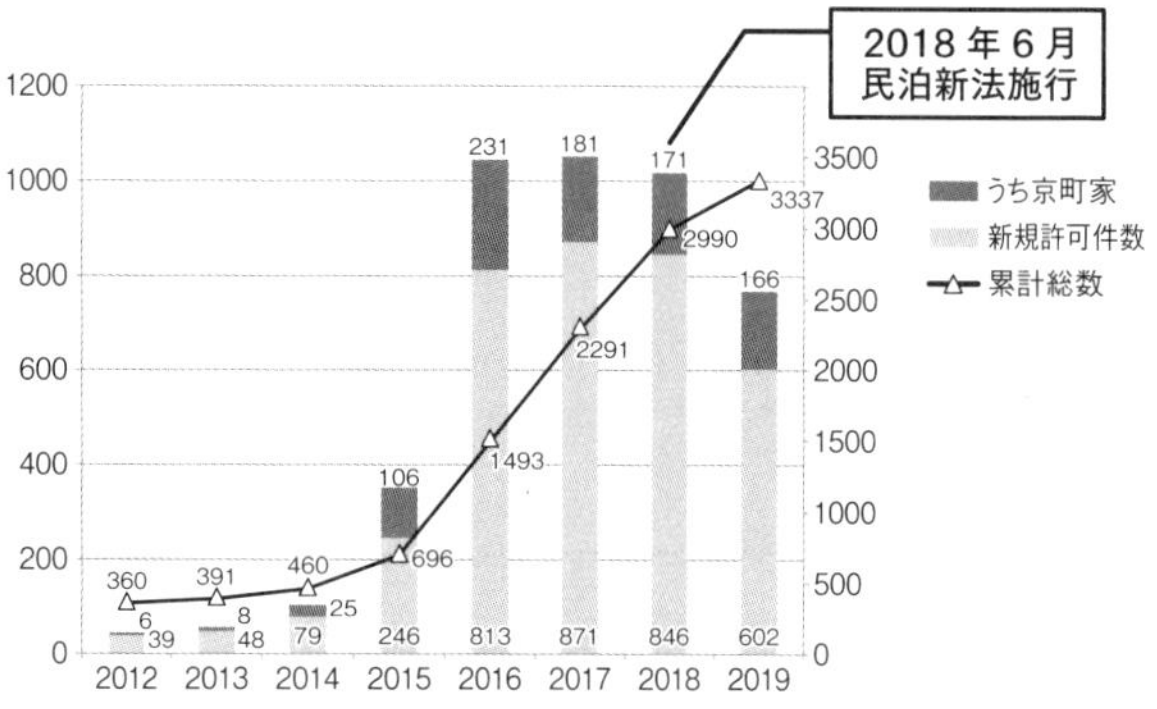

出典：京都市情報館、旅館業許可（うち簡易宿所）施設数の推移

図 2-2　京都市内の簡易宿所許可件数の推移

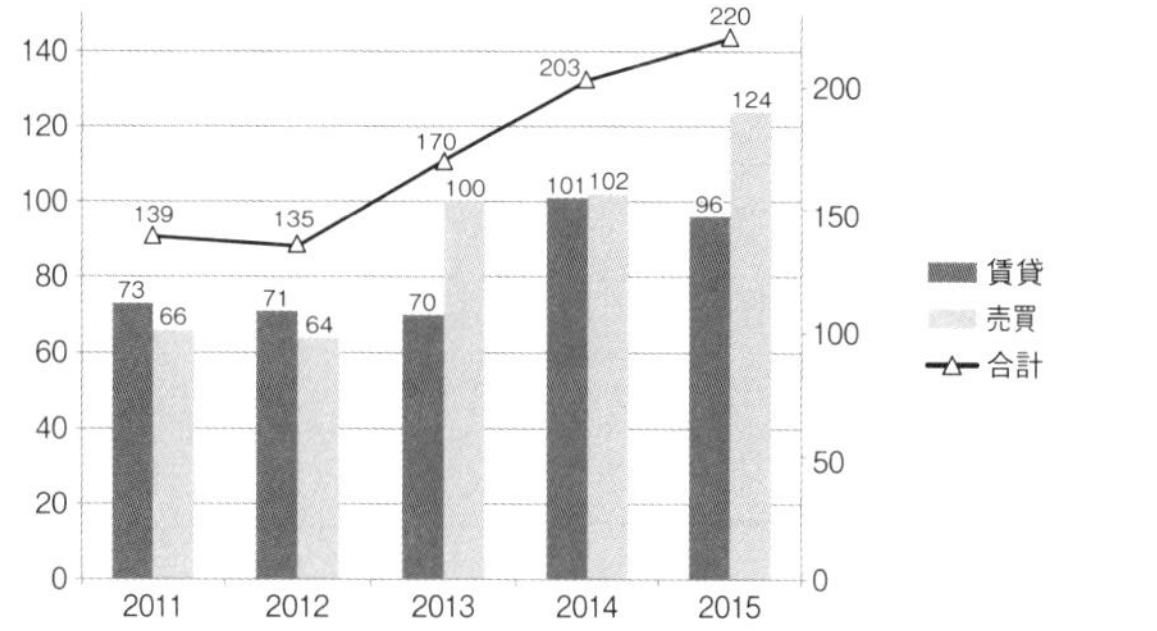

出典：京町家再生研究会「京町家通信104号」2016年1月　を基に作成

図 2-3　京都市内の京町家の流通数（民間が把握するデータ）

なる面積が物販や飲食目的の場合は200㎡以上となるために京町家の場合は多くが対象から除かれる。さらに旅館業法の許可では建築の構造について協議基準に差がないため、統計上では京町家かどうかは把握できない。

ところが、近年はいわゆる〝民泊〟への市民の関心の高さを受けて、京都市は公開する旅館業の許可件数のうち簡易宿所に該当する許可件数の中で京町家の数を公表するようになった（**図2－2**）。これによると、簡易宿所の許可件数は年々増加しており、とりわけ京町家を活用したものが占める割合も上昇傾向にある。これは、全国的にインバウンドの増加により宿泊需要の拡大が起こり、さらに多様な旅行者のニーズを受けて簡易宿所への用途変更が進んだことによる。

2018年に民泊新法（住宅宿泊事業法）が施行され、京都市内では近隣トラブルの増加などを受けて設置基準が厳しく設定されたため、２０１９年度の簡易宿所の申請数は鈍化しているが、京町家を利用したものについては大きな変化は見られない。

一方、京町家情報センター(2)に加盟する不動産流通事業者が２０１１年から15年に扱った京町家の賃貸及び売買の件数を２０１６年に公表した（図2－3）。これは市内すべての町家流通を数えているわけではないが、京都市内の京町家を扱う主要な不動産事業者が提供した数字であることからも、実態の傾向を捉える点では意味がある。このことからも、京町家の空き物件の活用、とりわけ売買の件数は年々増加していることがわかる。

京町家利活用の事例

次に、実際に流通している京町家はどのようなプロセスを経て流通し、どのような利用に供されているのかを、具体的な５つの事例で見てみたい（表2－3）。

ケース１は、路地に面した長屋４戸を「子育て世帯を応援」というテーマ設定のもとに改修した賃貸住宅である。従前は長屋の所有権は細分化されており、うち１軒の売却を持ちかけられた事業者が、まとまった土地建物を一体的に再生する効果を見いだし、売主の協力を得て路地に面した長屋４軒をすべて購入した。事業者は購入・改修の後、賃貸住宅を経営する投資物件として売却し、管理業務を行っている。家賃減免を伴う子育て支援策を実施することで事業収益は通常の賃貸住宅経営よりも下がることになるが、その主旨を理解したうえでの投資だと納得した個人が購入した。なお、４軒のう

表 2-3　京都市内で流通・活用されている京町家の事例　※左ページ写真に対応

	❶	❷	❸	❹	❺
用途等	賃貸住宅（事業者所有）	簡易宿所（投資物件／事業活用）	シェアハウス（投資物件／事業活用）	専用住宅（居住者土地建物所有・夫婦共有）	専用住宅（居住者土地建物所有）
概　要	4軒続きの路地奥の長屋（所有者3名）を不動産事業者が購入・分譲。購入者4組が賃貸住宅としてリース。京都市の助成金を得て、路地奥の特性を活かした子育て世帯を優遇する賃貸住宅として運用。定期借家契約（3年）。	京町家を事業者が買い取り（もしくは所有者から受託して）、改修して簡易宿所の手続き込みで分譲、もしくは所有物件事業化をサポートする。運営や管理をサポートするオプションを設けてシリーズ化して展開している。	比較的規模の大きい京町家をシェアハウスとして改修、投資物件として分譲する。事業者が買い取る場合もあれば、所有者から委託を受けて工事の請負・事業化をサポートする場合もある。シリーズ化して展開している。	建築士である所有者が老朽化した建物を改修、二戸一化を図り自らの住居としている。レインズ（不動産ネットワーク）で本土地建物を見つけ、知り合いの事業者の仲介を依頼。自らが設計・施工で建物を改修。路地は3／5を区分所有。	リタイア後の居住場所として購入、大阪から移住。当初から既存物件（賃貸、分譲）を対象にリサーチや訪問を重ね、現在の物件を選択。奥さんの強い希望で現在の物件を購入。長屋建て、路地、旧耐震（診断なし）に懸念を覚えつつも満足して暮らす。
立地行政区	京都市下京区	京都市都心部に複数	京都市都心部に複数	京都市下京区	京都市上京区
建築等の特徴	路地奥の長屋	交通の利便の良い所に立地する小規模な京町家	比較的規模の大きい京町家（従前用途は様々）	路地奥長屋	細街路に面した2軒建て長屋の西側
入手のプロセス	元所有者 →購入→ 事業者 →改修売却→ 所有者 →賃貸→ 居住者（事業者 →運営→ 居住者）	元所有者 →購入→ 事業者 →運営→ 利用者（元所有者 →委託改修（請負）→ 利用者）	元所有者 →購入→ 事業者 →運営→ 居住者（元所有者 →委託改修（請負）→ 居住者）	元所有者 → 不動産事業者の仲介 → 現所有者（居住者）	元所有者 →購入→ 事業者 →運営→ 現所有者（居住者）
公共のサポート	京都市空き家活用×まちづくりモデルプロジェクト事業の助成金	なし	なし	なし	なし
民間のサポート	なし	なし	なし	なし	京町家情報センターには登録、イベント等には参加（本契約とは関係なし）

ち3軒の所有者は女性であり、いずれも京都以外の東京や大阪に居住する（2019年時点）。

ケース2は小規模な京町家を事業者が購入、簡易宿所に改修し、営業に必要な許認可や運営をパッケージ化して売却する商品化された宿泊施設である。事業者が所有者からの請負で改修および手続きを実施する場合もあり、京都市内に同ブランドで約40軒展開している。

ケース3はケース1、2と同様に事業者が所有者から購入して販売する事業モデルであるが、規模の大きい京町家を対象に、主として40歳未満の社会人独身層が居住するシェアハウスとして運営している。規模が大きい建築物は価格が高いため市場で流通するには様々なハードルがあったが、事業化の道筋をつけ、京町家の解体圧力を抑

❶ 4 軒の長屋を子育て世帯向け賃貸住宅に活用
出典：著者撮影

❷ 路地奥の町家を簡易宿所として活用
出典：著者撮影

❸ 元お茶屋の建物をシェアハウスとして活用
出典：著者撮影

❹ 路地奥の空き家を住宅に改修
出典：居住者提供

❺ 路地に面した空き家を賃貸住宅として活用
出典：著者撮影

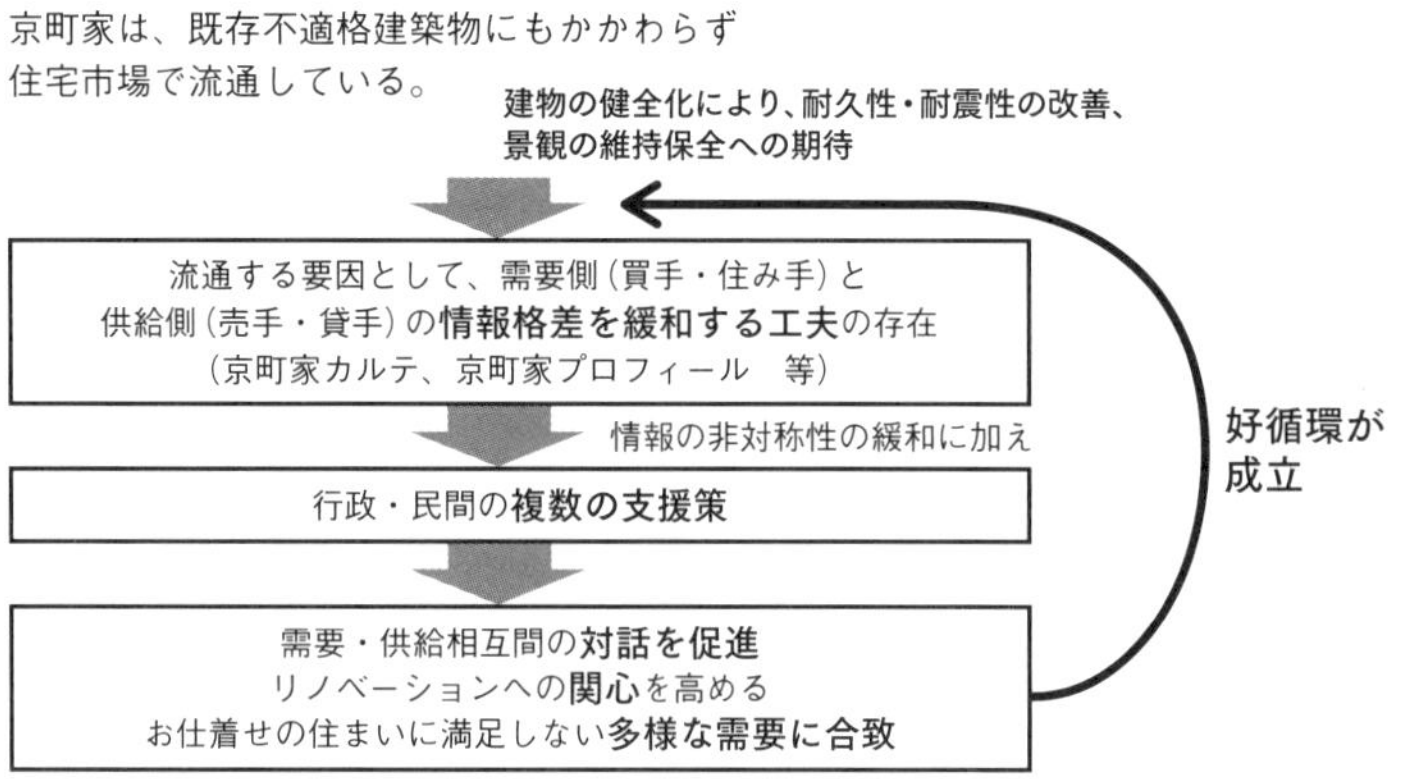
京町家は、既存不適格建築物にもかかわらず
住宅市場で流通している。
建物の健全化により、耐久性・耐震性の改善、
景観の維持保全への期待
流通する要因として、需要側（買手・住み手）と
供給側（売手・貸手）の情報格差を緩和する工夫の存在
（京町家カルテ、京町家プロフィール　等）
情報の非対称性の緩和に加え
行政・民間の複数の支援策
需要・供給相互間の対話を促進
リノベーションへの関心を高める
お仕着せの住まいに満足しない多様な需要に合致
好循環が
成立

図 2-4　京町家が流通する好循環

える効果が期待されている。ケース4、5はいずれも専用住宅として供されたものである。

以上から、空き家化・老朽化していた京町家は不動産事業者を介して多様な活用が行われている。これは、多様な住宅需要に応えるとともに、空き家を減少させ、老朽化に歯止めをかけるという効果もある。

なぜ、京都市内では既存不適格建築物が流通しているのか

京町家は高経年で既存不適格物件にもかかわらず住宅市場で流通している。その要因としては、先に触れた「京町家プロフィール」等、需要側（買手・借手）と供給側（売手・貸手）間の情報格差を緩和する仕組みがあること、また京町家の情報や事情に詳しく解体せずに利活用の継続を希望する事業者が介在するなど複数の主体による多様な支援策が存在すること、お仕着せの住宅では満足しない多様な需要に合致したことなどがあげられる。改修を通じて老朽化した躯体の耐久性・耐震性を改善する効果もあり、景観形成のうえでも効果が見られる。さらに多様な用途に使用されることで、居住だけでなく観光や商業など産業振興への効果も見られる。このように、京町家は都市での居住や活動の多様性を高める器となっている（**図2－4**）。

第三章

地域密着型不動産事業者の姿を探る

京都市内の不動産事業者が京町家利活用に至るまで

京都市内では既存不適格建築物である京町家の利活用が進んでいるが、それには不動産事業者が介在していること、そしてストック活用は中小の不動産事業者、とりわけ地域に根差し密着した事業者の役割が重要であることを指摘した。本章では、地域に根ざした中小の不動産事業者の役割に着目する。2000年頃から京町家の利活用が見られるようになり、さらに多様な活用がなされるようになった現在に至るまで、どのような介在を行ってきたのかを観察する。その実態を調べるために、京町家の利活用や流通の実績のある6社を対象にインタビュー及び資料調査を実施した。

調査対象は、京都市内に本社があり、京町家の活用・流通を積極的に行っている事業者を選定した。これらの事業者は「都市居住推進研究会」[3]等複数の職能団体やNPOなどの団体に所属しており、同業者だけでなく行政や研究者等と日常的に交流を重ねており、先駆的な流通事業を模索・実施している先見性を持った事業者として京町家の流通を手がけている（**表3－1**）。

表 3-1　調査対象の不動産事業者概要

	A社	B社	C社	D社	E社	F社
事業の特徴	京町家を中心に現状売りを基本に顧客のニーズに寄り添いながら事業を展開	立地する地域周囲の町家利活用や大型投資物件などのプロジェクト企画を行う	本社・支店周囲の顧客を大事にし、不動産売買、建築工事を中心に展開	京町家を中心に改修後売却する事業展開。宿やシェアハウスなど多様な事業モデルを構築	賃貸住宅管理及び仲介・工務業務を中心にしながら大家の所有物件の活用を行う	立地する地域に根ざしながら賃貸管理を中心に展開、大家の所有物件などの活用を行う
創業	2016年（H28）	1831（天保3）畳屋	1986年（S61）	1956年（S31）	1974（S49）	1966（S41）
従業員数（2019.7現在）	4名	4名	55名	36名	社員63名、パート10名	4名
本社住所（行政区）	下京区	下京区	上京区	下京区	北区	左京区
略歴	D社で28年間働いた後、独立。仕入れを中心に事業を展開。社員は販売や工事プラン担当、事務、と役割分担を明確にしている	畳屋、インテリア内装・建築工事へと業態を広げ、1994（H6）に不動産部門、2015（H27）にプロデュース事業の展開強化	①バブル崩壊、②消費税5%、③リーマンショック、の大きな危機を事業改変で乗り越えた。現在は社員が根付くためにクレーム系事業を手放した（賃貸管理業など）	不動産業は建売住宅からはじめる。その後経験を通じて京町家を扱いはじめる。京宿家やシェアハウスなど多様な商品を提供	イギリスのフラットに感銘を受け起業。大家の信頼を得ながら物件の管理、仲介をして「不動産はまちづくり産業」としてこの姿を模索しながら事業を展開	不動産の売買を中心に行うオーナー会社の登記など売買以外の業務をすることを目的に創設。2019年2月に株式会社化
ストック活用事業への契機	独立・創業時から京町家に特化（マンションも一部扱う）、現状売りに重点を絞って展開	リーマンショック後に金融・投資の人脈を付け、現在のプロデュース事業の基盤となっている	1990年のバブル崩壊とともにリフォーム事業を立ちあげた。この17年で約400件実施	再建不可の古屋を改修後販売した所好調だったことから。京町家はその翌年に現状売りで反響がよかったことから	京町家の利活用は美容室の仲介から。大家の資産活用や学生オニーズに沿いながらストック活用事業を展開	2002年前に立ち上がった京町家情報センターの縁が始まり。当初は町家のこともよくわかっていなかった
ストック活用の内容	京町家の現状売り。改修や借入などのコーディネートやコンサルティングも契約外で行うこともある	町家等の収益物件（宿泊施設等）のプロデュース、自社物件等のリノベーションによる収益構造の改善	今後は一層ストックビジネスにシフトしていくので、リフォーム、リノベーションに力を入れていく	京町家を中心とした改修後の売買等。投資用物件の分譲も行う。シェアハウスやシェアオフィスなど多用途に取り組む	京町家の仲介や改修、アパートや寮、シェアオフィスのリノベーションなど多岐に渡る	町家よりは規模の大きな古民家が多く、住宅用よりは事業用として借りる人が多い

①調査対象各社の概要

A社は2016年にD社から独立した現社長が、京町家を中心に買取・現状売りを行っている。

B社は江戸期に畳屋として創業し、戦後インテリア会社へと業態変更、その後内装・建築工事部を設置し、現社長入社後は不動産部門を強化し、一括借り上げによるサブリースの事業を軸に事業展開をしている。2010年代にファイナンス事業を強化することで大手資本と連携し、ファンドを組成するなどして現在の京町家のリノベーション事業を強化している。

C社は1986年に現社長が創業し、売買の仲介業務を軸に業務を開始、1990年に建築リフォームを行うために工務部門を設置、高齢化社会を展望してケアリフォーム事業を手がけるなど社会情勢や景気動向に対応しながら業態や支店数を変化させている。

D社は1956年に現社長の父が繊維卸として創業、1961年に建売に特化した不動産事業を副業として始めた。1975年には現社長の入社とともに工事請負業務を増強するため、これまで外注していた工務部を自社内に構えた。その後、競売で入手した京町家の現状売りが好評だったことを受け、改修の後に売却する事業モデルを構築し、その後サブリースつきの投資物件や宿泊施設、シェアハウスなど多様な用途による利活用の事業モデルを先駆的に実施している。

E社は1974年に創業者自身の海外での経験から必要性を感じて、外国人向け賃貸住宅の仲介事業を創業、会社が立地する北区での学生アパート開発の波を追い風に、賃貸仲介並びに管理業務を軌道に乗せた。原状回復等の工事を請け負うために1990年頃に工務部を設置、その頃に物件オーナーとの付き合いを深めるともに学習会などを重ね、資産活用や定期借家契約などオーナーの立場に立った提案を積極的に行っている。一括借り上げ家賃先払い方式など事業の資金調達で多くの工夫を凝らしている。

F社は、建設会社の不動産売買の事務的な業務やその仲介を行うために別会社を立ち上げ事業を開始し、その後売買や賃貸の仲介業務を手がけるようになっている。立地する左京区でオーナーの物件を長期間預かり、それを運用することをベースとしながら、近年は京町家も扱うようになっている。

②京町家を扱いはじめた契機

2016年に創業したA社を除き、いずれの事業者も2000年頃に京町家を積極的に扱うようになっている。この背景としては、定期借家制度がスタートしたのに加え、京都市等による「第1回京町家まちづくり調査」が行われ、京町家の数や実態がはじめて明らかになり、2000年にこれら京町家の保全・再生を推奨する「京町家再生プラン」が京都市により策定され、行政施策として京町家を利活用する方向性が示されたのが転機になっている。さらに、公益財団京都市景観・まちづくりセン

	物件の大きさ、制限			利活用の内容					事業者が果たした役割								需要者層				
				取引後用途					取引形態			その他の取引					客				
	提供件数	100㎡未満の割合	再建不可の割合	居宅（セカンド含む）	商業・事務所	宿泊施設	貸家（寮・シェアハウス含む）	その他	売買	売買の仲介	賃貸の仲介	コンサル	プロデュース	建築工事	診断	その他	単身	家族	外国人	企業	その他（投資家等）
A	69	12 (17.4%)	15 (21.7%)	41	6	17	4	1	67	0	1	43	40	1	0	0	2	31	14	17	5
B	40	35 (87.5%)	11 (27.5%)	2	5	32	0	1	0	12	28	32	23	16	0	0	2	0	6	34	4
C	13	11 (84.6%)	1 (7.7%)	12	1	0	0	0	10	3	0	0	11	13	6	1	2	10	0	1	0
D	46	35 (76.1%)	14 (30.4%)	24	1	10	10	1	40	2	1	2	19	13	0	3	14	7	5	8	4
E	38	25 (65.8%)	2 (5.3%)	8	16	9	5	1	4	8	26	30	10	14	1	14	3	17	2	15	5
F	95	78 (82.1%)	11 (11.6%)	51	36	8	2	3	0	18	75	32	24	6	1	0	20	26	8	38	0

1）用途の多様化　　2）顧客の多様化　　3）役割の多様化

図3-1　取り扱うストックからみる事業の特徴（3つの多様化）

ター主催による「まちづくり交流博」を契機に事業者相互や地域住民、研究者、他業種企業との「まちづくり」を核とした情報交換や交流の土壌が形成されたことが功を奏していると推測される。事実、今回ヒアリングした事業者は、同財団や京都市の取組を通じて物件の仕入れや顧客からの相談、マッチングの機会が増加したとしている。

③取り扱うストックから見る事業の特徴

次に、各社が２０００年頃から現在まで、主に京町家を中心に取り扱った事例の特徴を見てみる。物件名称や取引年、築年数と延べ床、建築条件などの概要とともに取引後の用途、売買もしくは賃貸取引形態、仲介や売主以外に果たした役割、顧客及びその物件の情報を整理した（図3−1）。近年の取引をみると、先に触れた建築工事に加え、コンサルティングや当該物件のプロデュース、建築診断など不動産の取引以外の役割を果たす機会が増加していることが観察できた。さらに取り扱う物件の取引後の用途の多様化の傾向が見られた。一時期は簡易宿所への転用が多かったが、近年は再び住宅の取引が堅調となってきているようだ。このことから、京町家を通じた仕事内容は社会のニーズを受けて柔軟に変化していることが観察できた。

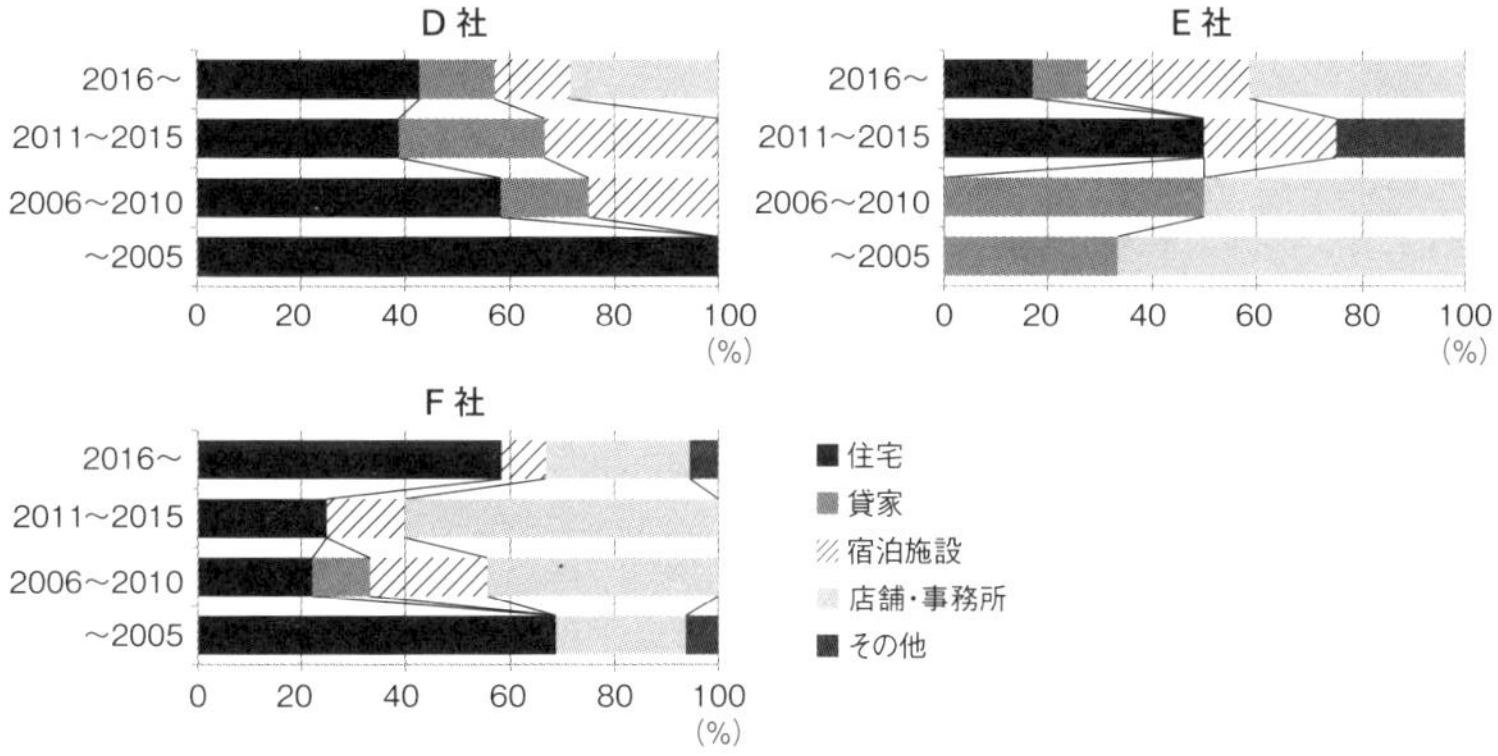

図 3-2　京都市内の不動産事業者の取引事例からみる用途の多様化

3つの多様化

①用途の多様化

次に、取引データから用途についてみてみよう。図3－2に示すとおり、京町家のストックを利活用した事例の用途の多様化が観察できた。ここでは、比較的多数の事例データの提供を受けたD社、E社、F社について、年代ごとに扱った物件の用途の推移を整理する。D社、F社ともに、京町家の利活用が始まった当初は住宅や店舗としての供給が占める割合が高いが、近年は多用途に広がっている。なお提供を受けた事例は各社が取り扱ったすべての物件についてではなく、各社の各年代の特徴的な事業を含むものを事業者が無作為に抽出し、提供をうけたものである。

京町家の利用は90年代以前から、現状売り・現状貸しの形態で、かつ個人レベルでの取引はされていた。しかし、そこに取引後の活用のコーディネートなどは不動産事業者の積極的な参入は見られなかった。ところが、事業者やNPOの参画で1997年に飲食店としての再生事例が現れ[4]、ストック活用の価値と効果が明らかになった。これを契機に店舗を中心として利活用される事例が増加し、京町家情報センターや京町家友の会発足[5]など、住宅をはじめ多用途の利活用の環境が整えられていき、大学の集会施

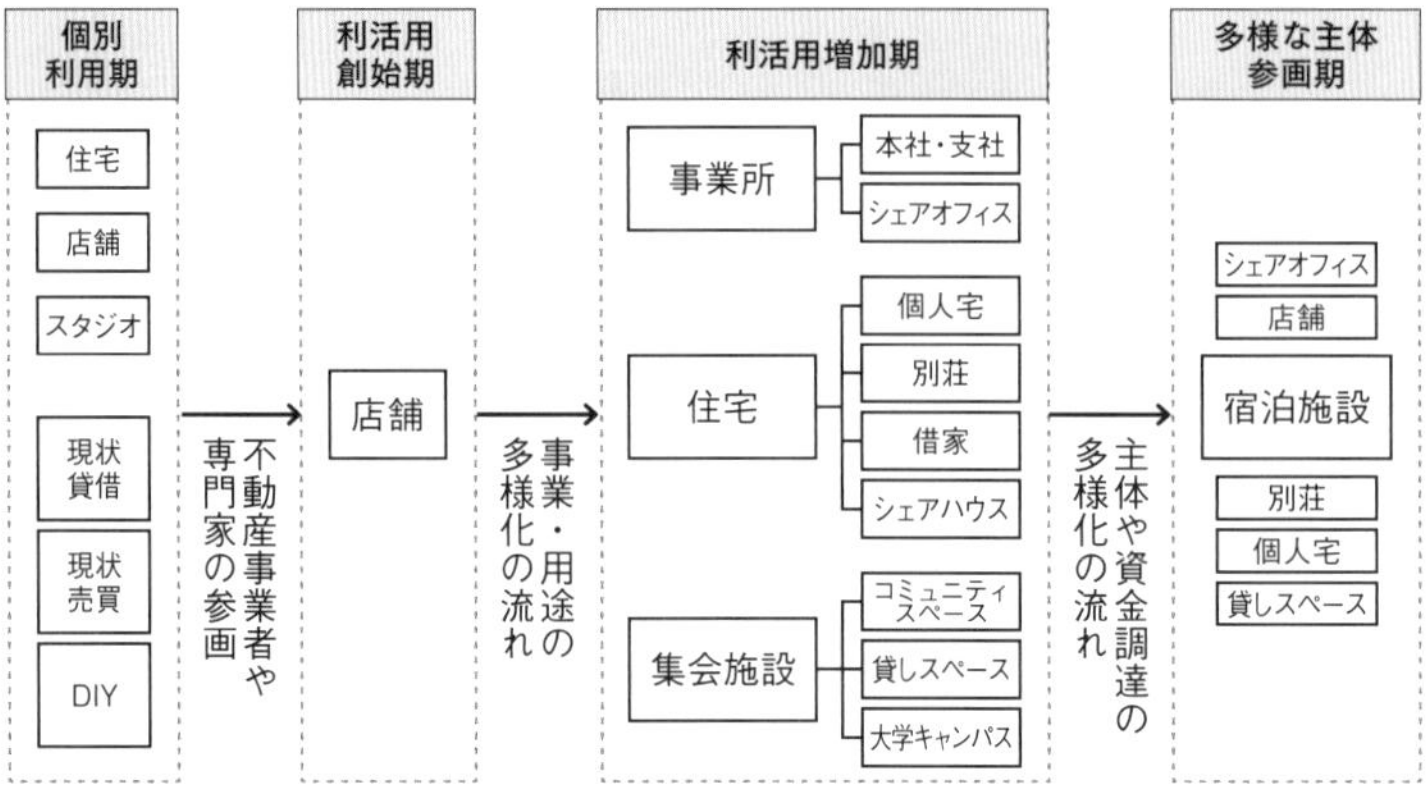

図 3-3　京都市内の京町家の利活用の多様化の流れ

設や企業の社屋等へ用途が拡がりを見せた。さらに２０１０年頃から、インバウンドの増加と宿泊需要の高まりにより宿泊施設としての利活用が増加している。コロナ禍を経たいま、今後は新たなニーズに応じた活用が進むことであろう。

京町家の流通環境や需要者と供給者のマッチングの仕組みができてくることで、社会や個人のニーズにあわせてフレキシブルに利活用が進められていることが観察できた（**図３−３**）。

②顧客の多様化

インタビュー及び取引事例の調査から、国内外の個人や家族だけでなく、用途の多様化とともに大学や企業、投資ファンドやクラウドファンディングによる個人投資家など、顧客及び資金の調達方法が多様化していることがわかる。また顧客とのマッチングのための媒体については、従来の不動産事業では、新聞の折り込み広告や店舗での情報掲示など立地に即した不特定多数を対象としていたものが主流であったが、昨今はホームページやテーマ特化型のポータルサイトなど関心や感度を同じくする人が集うメディアを活用したものに移行している。これにより、関心を持つ人が継続的にホームページに訪問するなど、効率的な情報発信を実現するとともに、潜在的な顧客の囲い込みに成功している。

京都市内の京町家の流通は、個人や小規模な法人から始まった。次第に京町家の市場性の高さが認められ、企業や投資家の参画が見られるようになった。京都市内には約4万軒の京町家が継承されており、規模の大小や立地など多様な選択が可能なことから、それぞれの資金力やニーズに応じて選択できる。具体的には、小規模な路地奥の長屋では単身の女性の住宅や若年層のシェアオフィスとしてリーズナブルに利用・活用されたり、大規模な料亭跡では海外投資ファンドにより事業資金を確保し、条例を活用して歴史的意匠を継承する宿泊施設への転用などが行われている。京町家の取得者層は、個性的でフレキシブルな空間を欲するアーティストやセカンドハウスとしての活用者などから、30歳台の一次取得者層、つまり建売住宅やマンションを購入していた世帯が選択肢の一つとして取り上げるなど拡がりをみせており、もはや京町家を選択することは特別なことではなくなっている。

③役割の多様化

各社がストックの流通の際に果たした役割についてみてみよう。これについては、E社、F社を対象にする(**図3－4**)。不動産の売買や仲介に加え建設工事を併せて行うことで経営の安定を図ってきたことは先にも触れたが、近年はストックを扱うにあたって、より顧客のニーズに沿うためのコンサルティングや効果的な売買や賃借のためのプロモーションを含むプロデュース等を行う機会が増加している。既存住宅のリフォームでは事業者のコンサルティングの役割が期待されることは指摘されているが(6)、既存住宅流通市場においてもその役割が果たされつつあることが確認できた。

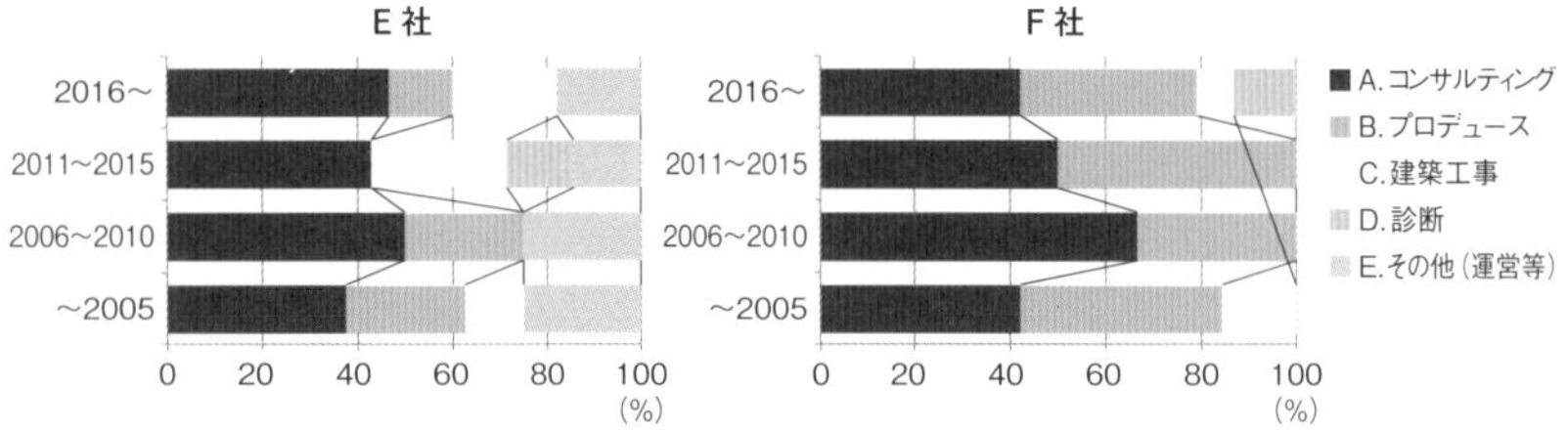

図 3-4　京都市内の不動産事業者の取引事例からみる役割の多様化

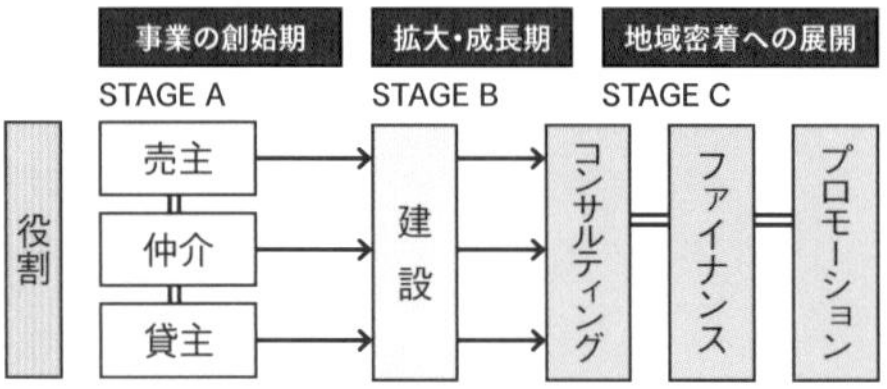

図 3-5　事業者ヒアリング及び事業の変遷から考察する地域密着型事業への展開

これら多様化してきている役割を図示したのが**図3-5**である。これに示すように、従前の仲介及び売主としての事業の根幹は変化していないが、ニーズや環境に応じてストック活用の促進を促す役割を担うようになってきている。これらを付随事業として展開することで利益を安定化させ、他社との差別化を図る要因にもなっている（STAGE C）。このような展開は、事業の多様化に向けて1990年の工務部事業を併設してきた流れ（STAGE B）と類似している。

地域密着型不動産事業者に必要な姿勢は？

本書では、各事業者が立地する地域に根ざし、事業の展開を通じて地域の課題を緩和し、その結果地域の価値の向上に寄与するものを「地域密着型不動産事業」と位置づける。これまでの考察を通じて、地域密着型事業を行う事業者と従来の不動産事業者との違いとして観察できた姿勢を整理した（**表3-2**）。

地域密着型不動産事業者は、顧客にとって「住宅」「まち」「コミュニティ」とつなぐワンストップの機能や役割が期待され

表 3-2　地域密着型不動産事業者が求められる姿勢

	従来の不動産事業者	地域密着型不動産事業者
物件に対して	建設・分譲や賃貸、媒介を通じて手数料等の収益を上げる。	左記に加え、京町家など地域の**資産を継承し、文化を継承する対象**として流通させる。
立地（地域）に対して	本社や支店を構えることで情報をいち早く入手し、事業機会を得る。	**地域の課題を認識し、地域の課題に対峙する**とともに地域まちづくりへの貢献を行うことで、自らの**企業の価値も向上**させる。
顧客に対して	信頼を得ることもしくは価格の点で折り合いを付け、事業機会を提供してくれる対象。	顧客から**信頼**され、物件ないし顧客と繰り返し接点をもちながら仲介する。

るが、顧客の満足とともに、マッチングを通じてそれぞれの魅力を向上させることも期待されるといえよう。

しかし、一事業者がマルチな役割を担うのは容易ではない。したがって、事業者単体で取り組むのではなく、業界や異業種、さらには立地する地域の横のつながりを活かすことが必要である。地域の価値を向上させる事業は、自らの事業の土壌を耕すことにもなり、事業機会にもつなげることが期待できるからである。

コロナ禍による様々な変化を経験している中、これまでの生活や産業連関を見直さなければならないと感じている人も少なくないだろう。グローバル化に伴い流通や生産が世界中に広がっていて、事業の停滞を余儀なくされた業態も少なくない。一方、感染拡大防止のために緊急事態宣言が出された折に日用品の買い物は徒歩圏の商業施設で調達するようになり、これまで利用していなかった商店街の小売店舗での買い物や飲食店でのテイクアウトを利用した人も少なくないだろう。そして、身近な生活環境を改めて見直し、そこを拠点に生活していることを再評価した人も多いのではないか。地元経済を軸に不動産事業者がまちづくりを進めていくことで、多くの人や顧客の要求に応えることができ、その営みの積み重ねが魅力的なまち、住み続けたいまちを育てることになる。このことから、地域密着型の不動産事業者には、顧客満足やストック継承、そして地域課題を緩和していく役割だけでなく、地域経済を形成していく主体としての立場も期待される。

第四章

地域密着型不動産事業者に期待される役割

本章では、前章の京都市内の不動産事業者6社の事例の考察を深め、ストック活用型社会を可能にする不動産事業者の役割について総合的に考察するとともに、事業者が果たしうる役割及び事業形態についての類型化を試みたい。

京都の地域密着型不動産事業者の再生事例を見る

各社の再生事例をひとつとりあげ、まちに与えた波及効果、その他の効果について整理をした（**表4―1**）。いずれも京町家を含む高経年の木造建築を再生もしくは流通させる取組で、事業形態及び再生後の用途も様々である。そして、いずれも外観の大きな変更を伴わず、周囲の景観になじみ続けており、住文化や生活文化を継承することを可能にしている。

不動産事業者の役割を総合的に考察するために、果たした役割をモデル化し、類型を行いたい。その検討にあたり、「事業・組織の特徴」「顧客・消費者との関係」について各社の特徴を整理した（**表4―2**）。「事業・組織の特徴」からは不動産の所有形態、企画の検討体制を抽出し、「顧客・消費者との関係」からは商品の提供の仕方やニーズの応え方、そして「事業の展開」からは顧客に向かい合う姿勢を抽出した（**図4―1**）。

表 4-1　6社のストック活用事例　※次ページ写真に対応

	主体	概要	まちへの波及効果	その他の効果
❶	A社	**京町家の現状売り** 京町家を仕入れた状態のままで、未改修で販売することで販売価格を抑える。販売は印象的な写真を撮影、ネットのみで情報を発信する。販売後は購入者の意向にあわせて建築士や工務店とのマッチングを行う。	京町家がその地域にあり続けることで景観の大きな変化を最小限に留める。	改修の技術や道具の普及が進む中、お仕着せではなく自ら手を加えて改修したい購入者のニーズに応えることができる。
❷	B社	**大規模料亭をリノベーションで旅館に** 地域の景観や文化を形成する大規模な建築を保全・継承するため行政と連携しながらファンドを組成、プロモーションや建築、改修工事を各専門家と連携しながらコーディネートを行った。	京町家がその地域にあり続けることで景観の大きな変化を最小限に留める。新しく併設したレストランは地域の人が利用が可能。	旅館として活用するとともに隣接地に新館を新築し、スケールメリットで収益を増やし、多額のファンド組成を可能にした。
❸	C社	**京町家の改修と売却** 所属する中小企業団体の代表を務めた経験から、地域に貢献する事業を重視する。京町家の保全・継承を可能にする改修を行ったうえで売却する取組をいち早く行った。	京町家がその地域にあり続けることで景観の大きな変化を最小限に留める。ファサードは大きな改変を加えなかった。	建替えではなく改修に留めるとともに現代的快適さを備えた利活用が可能であることを広く普及させ、居住用でも事業用でも可能であることも示した。
❹	D社	**路地奥の長屋群をシェアオフィスに** 路地奥の再建不可物件を立地する場所や規模を踏まえて事業者の費用負担でシェアオフィスとして運営。開業当時は所有者から土地を廉価で賃借していたが、現在は購入して運営している。	市内で増えつつあるフリーランスの拠点として整備し、大きな規模の建物の使途の可能性を広げた。	複数の小規模な住戸を一体的に改修して利用できる可能性を示した。
❺	E社	**老朽化した大型木造寮を芸術大学の寮として再生** アパートの空き室が増え困っていた所有者から相談を受け、大学との強いつながりを活かして両者の意向に沿う創作活動ができる寮として改修、管理や交流の企画も行う。	リーズナブルな家賃で大学生が暮らせる住宅が継続された。	高経年物件特有の広い廊下や高い天井など元の空間を生かし、芸大生の制作環境を確保した。
❻	F社	**路地奥の京町家と長屋群を再生** 明治35年築の京町家（路地を含む5棟で構成）の所有者と公的な相談会で出会い、コーディネートを行った。工務店やリーシング会社を選出、テナントや簡易宿所が入居する複合施設に。	京町家がその地域にあり続けることで景観の大きな変化を最小限に留める。敷地全体では大きな建築への建て替えが可能であったが、地域の建築スケールを継承した。	路地を含めた町家群の継承を希望する所有者の意向を適えた。

❶ 京町家を現状のまま販売する
出典：http://iyeya.jp/properties/1882/

❷ 大規模な料亭を伝統的な意匠を残して再生した
出典：著者撮影

❸ 京町家を買いとり改修をした上で販売した
出典：著者撮影

❹ 路地奥の複数戸を一体的にして改修しシェアオフィスとして再生した
出典：著者撮影

❺ 老朽化した木造寮を学生寮として再生した
運営のコーディネートも行う
出典：E社提供

❻ 路地奥の複数住戸を路地の再編とともに再生
出典：F社提供

顧客との関係・生まれる商品から見る類型

以上から、地域密着型不動産事業者の類型について示す。不動産事業者の役割の類型については、多様な供給サイド、需要サイドのニーズに応えながら付加価値の高い不動産商品を創り上げていくための能力と設定し、「価値創造型」「マッチング型」「コンソーシアム型」「インパナトーレ型」「コンシェルジュ型」の5つに分けた（図4−1）。各型の概要と模式図は次の通りである。

①価値創造型（図4−2）

不動産事業者が不動産所有者を兼ねる場合で、所有者として不動産の価値を向上させる試みを行い、地代家賃や売却価格の上昇を目指し商品価値を高める。この型は、所有者自らが活動することを大きな特徴とする。D社のように一時的に所有して事業を稼働し、その後にデータつきで売却するケースもあり、また所有者として保持続ける場合も想定できる。

価値を向上させる取組としては、イベントの実施や地域

表 4-2　ストック活用型ビジネスの事業・組織の特徴と顧客・消費者との関係

	主体	事業・組織の特徴	顧客・消費者との関係
❶	A 社	少人数の社員で構成しており、それぞれが「営業」「仕入れ」「経理・手続き」に特化して事業を展開している。現状売りで事業を行っているために事業の回転が比較的速く取扱件数が多い。建築、施行、ファイナンスなどは他社とのネットワークでニーズに応える。	売買の契約を行い、現状売りを行った時点で顧客との関係は終了するが、顧客が希望した場合は融資や設計、工事等の紹介も行う（契約は紹介したそれぞれの主体と行ってもらう）。契約上の関係にはないが、入居まで見守る。
❷	B 社	地域に根ざした事業者として、本社が位置する地域を中心に所有者の信頼を得ながら事業を展開する。投資家の誘致やファイナンスなどのコーディネート業務が多く、地域に会社を構える信用力を生かし、所有者からマスターリースで借り受け、利用者にサブリースで貸借するケースが多い。	マスターリースする不動産は、会社が立地する地域のものや公的な相談会などで依頼をされたもので、信頼に依拠する。投資家や事業者はこれまでの関係で培われたものが多い。宿泊施設や飲食店など集客施設を扱うことが多い。
❸	C 社	京町家を問わず不動産の売買の仲介を主要事業としている。政府の施策や景気の動向など時代の流れに応じて柔軟に会社の規模をコントロールし、退社後の社員ともネットワークで仕事をする。	本社・支店の立地する半径２ｋｍ地域の顧客を大事にし、顔が見える関係を築く努力をすることで、リピート率が高い。
❹	D 社	京町家の居住用に留まらず、簡易宿泊施設やシェアハウス、シェアオフィス、シェアルーム等ニーズや立地に応じて新しい不動産商品を活発に手がける。自社で一定期間ランニングをすることで、運営の実績つきで売却することが多い。	物件は定期借地契約に基づくものや買い受けるものがある。サブリースとして建物を運営する事業者に貸し付けたり、物件を購入する投資家など国内外問わず多様な対象を顧客としている。
❺	E 社	本社並びに支店で地域に根ざした経営をしており、管理を請け負う賃貸物件の所有者の信頼を得ながら高経年物件を改修・賃貸物件として供給している。所有者の金銭的負担がないように改修費を事業者が負担、賃料と相殺するとともに定借契約による家賃前払い制度を導入するケースもある。	所有者の信頼を得ながら、多様な利活用の提案を行っている。日頃から勉強会などを積極的に行うこともしている。その信頼感から、実験的に行った不動産管理信託や証券化事業の物件提供を所有者から受けた。
❻	F 社	会社が立地する地域の所有者の信頼のもと長く管理を任される物件が多い。賃貸だけでなくマンスリー運用など一定のマネジメントを任されている。	近年は公的な相談会などで幅広い所有者からの依頼も増えている。建築、不動産、施工、造園などと一緒に規模の大きなプロジェクトに参加する機会が増加している。

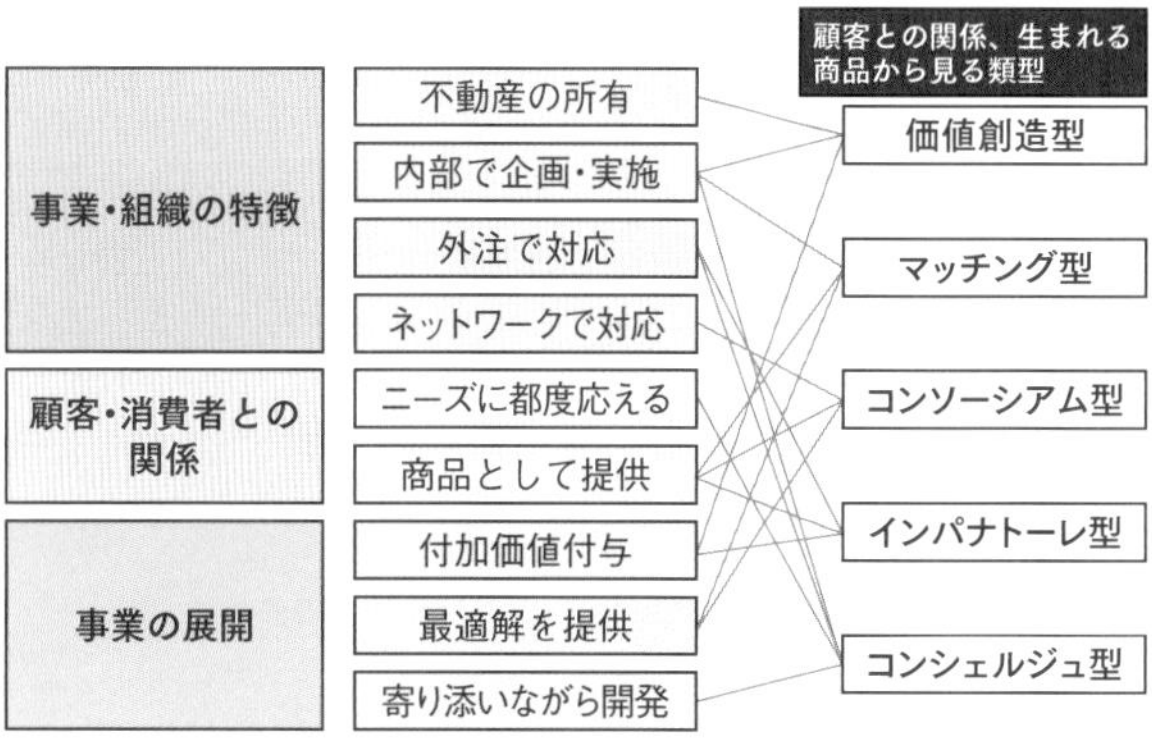

図 4-1　「事業・組織の特徴」「顧客・消費者との関係」「事業の展開」から抽出した事業者の類型

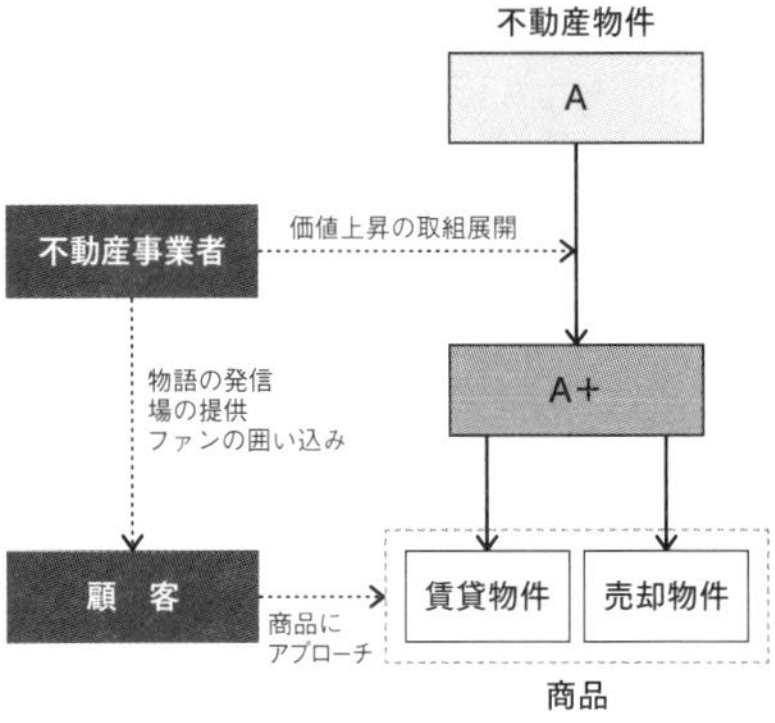

図4-2　価値創造型

との共存策による居住価値を高めるもの、建物や住戸内、共同住宅では共用部分の利用価値を高めるための改修、DIYなどの住みごたえを高める取組、快適性や利便性を高めるリノベーションなどがある。特徴を際立たせることが効果的であるため、不特定多数のニーズに応えるよりは特定のニーズに特化した展開が有効であろう。

②マッチング型（図4ー3）

顧客や消費者のニーズに的確に応え、ふさわしい物件を紹介・仲介する。従来の仲介で行われていた一連の行為に終わらず、顧客、物件双方のニーズや特徴を幅広くかつ深く知り、両者にとって最適解となるマッチングが行えることで、より顧客満足度を高める能力を有した不動産事業者である。C社、D社が該当する。

③コンソーシアム型（図4ー4）

不動産の運営に必要なコンサルティング、企画、設計、ファイナンス、改修、プロデュース、診断・インスペクションなどの役割をワンストップで行い、より商品価値の高いものを供給する不動産事業者が該当する。これは自社内で各機能を備えるワンストップだけでなく、社外でのネットワークも含むことを想定し、顧客はそのネットワークを信頼し、アプローチする。A社、E社、F社が該当する。

④インパナトーレ型（図4ー5）

インパナトーレとは1970年代にイタリアの毛織物産地で生まれた職業で、国内外の製糸、縫製と小売り業者を橋渡しして新製品の共同開発を導き出すコーディネーターの職能を指す。ここでは不動産に関連する様々な職能を橋渡しして、より付加価値性の高い商品を生み出す能力を備えた事業者が該当する。コンソーシアム型との違いは、橋渡しは事業者が行うもので、いわば事業者のバックヤードで展開されるものであり、顧客は事業者を信頼し事業者に直接アプローチする。B社、D社が該当する。

⑤コンシェルジュ型（図4－6）

顧客に寄り添いながら、不動産の事業やそれぞれのプロセスに対して必要なニーズにその都度応えていく事業者が該当する。A社、そしてF社の地域に根ざした事業の展開が該当する。

こうした多様な対応は、地域密着型だからこそ可能であるといえ、このようなきめ細かいかつニーズへの対応が、ストック活用型社会での既存住宅流通で重要といえるだろう。

求められる機能を実現するための課題

「不動産ビジョン２０３０」は、今後は不動産事業者が核となって「ストック型社会の実現」「安全・安心な不動産取引の実現」「多様なライフスタイル・地方創生の実現」「エリア価値の向上」「新たな需要の創造」「全ての人が安心して暮らせる住まいの確保」「不動産教育・研究の充実」の7つの目標の実現が望まれると記している。地域に根ざした不動産事業者が手がける「流通」「管理」「賃貸」については、上記目標の実現のために、多様化している顧客のニーズに応えることがその一歩となる。

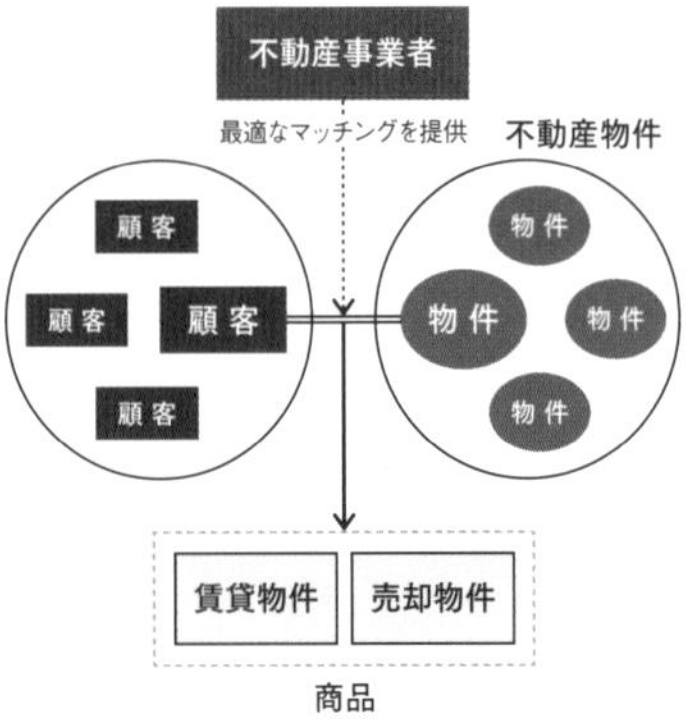

図4-3　マッチング型

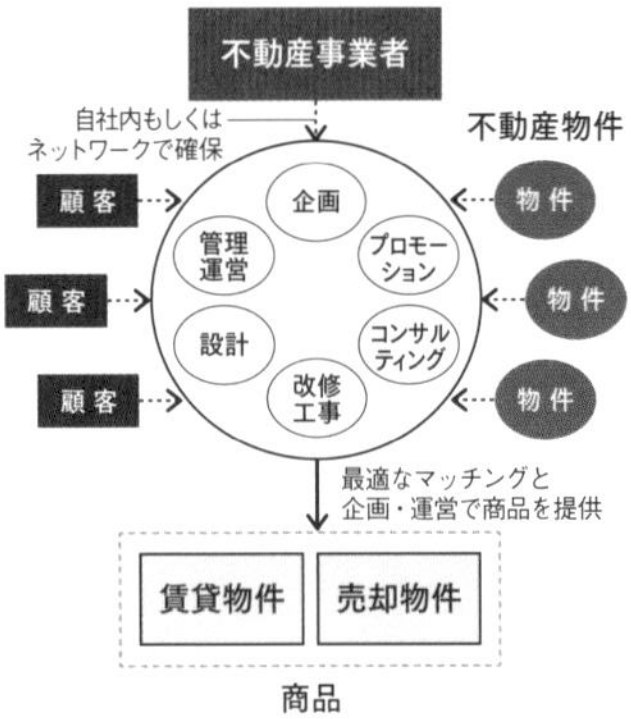

図4-4　コンソーシアム型

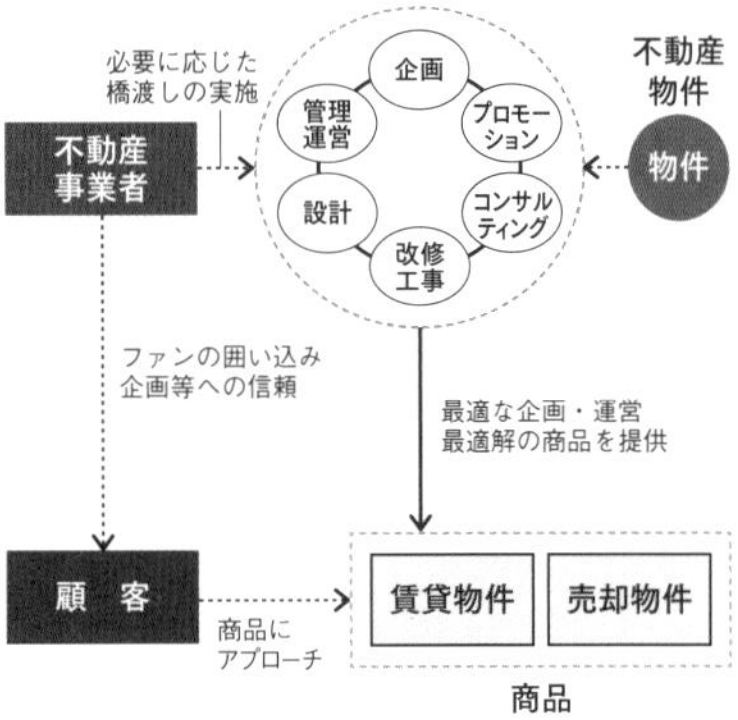

図4-5　インパナトーレ型

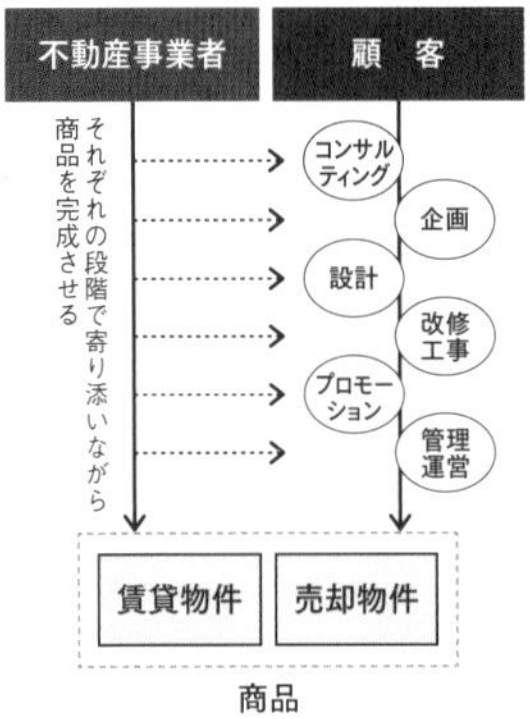

図4-6　コンシェルジュ型

これらを実現する課題としては、ストック活用ビジネスは一部の大型の建物を除き、多数が小規模で廉価な取引となるため、手数料を基本とする不動産事業者は件数を重ねる必要がある。従来は工務部を併設し、建築工事の収入で収益性を上げるモデルが構築されたが、近年はコーディネートやコンサルティングなど新たな付加価値型の事業を収益に結びつけている。これらの付加価値型の事業内容をコストに反映するには、費用を負担することになる顧客の理解と納得が必要である。そのためには、長期的な視点で顧客がその価値を享受できる環境にあるとともに、地域密着型不動産事業者が流通の際に高く評価されたり、転売時に有利であるといった社会的な評価など、費用対効果を明らかに示せる環境が必要になる。

おわりに

本書では、以下の内容について考察した。最後に要点を整理して結びとしたい。

ストック活用型社会に移行する流れは多様な住宅ニーズが後押ししている

住宅政策はフロー重視からストック活用へシフトしつつある。とりわけ住宅産業においては、従来の経済成長とリンクした新設住宅供給から完全に脱却することは困難だが、全国各地でリノベーション及びそれを核としたまちづくり活動が展開される中で、より満足度の高い暮らしや仕事の環境を自ら整える動きが存在している。それに牽引されるようにライフスタイルの実現やコスト削減等の観点からストック活用の動きが進展しつつある。つまり、需要者サイドから、その変革が生じてきているのである。

ストック活用を行うための既存住宅市場とそれを担う不動産事業者の役割が重要

京都市内では、高経年の京町家や接道条件を満たさない路地奥の長屋などの活用や流通が見られる。これら既存不適格建築物や再建不可物件は、従来では資産形成に寄与しない非商品と見なされていたが、積極的に住宅や店舗などの商業施設、集会施設として活用されている実態がある。近年は京町家など伝統的な建築様式を備えた既存住宅は、高付加価値を備えると評価されるものもあり、全国の大手不動産事業者や国内外のファンドも参入し、投資対象としても成立している。これら潜在的な需要を掘り起こし、新しい価値を発見・事業化したのは、地域に根ざした中小の不動産事業者である。京都市内の京町家の保全を目的とする市民活動などと並行しながら流通させる試みから始まり、現在に至っている。地域に根ざした不動産事業者が商品として扱うことで、潜在的な需要を掘り起こし、それが京町家流通という市場を創り上げていった。

不動産事業者は、流通の橋渡しをすることで対価を得る。つまり住宅ストックが活発に流通すれば、自らの事業機会が増加することにもつながる。かつ大手資本の参入は新築市場と比較してインセンティブが低い。住宅ストックを活発に流通させることで収益を上げる、地域に根ざした不動産事業者だからこそ積極的に取り組めるのが、ストック活用事業なのである。

人口減少社会、都市のコンパクト化にもストック活用事業は寄与できる

現在、全国各地で空き家の増加に伴う様々な課題に対峙せざるを得ない状況になってきている。「都市のスポンジ化」と呼ばれる都市施設の非効率運営等財政的な課題も大きい。これらの状況を受けて国土交通省は、高齢者や子育て世帯が安心できる健康で快適な生活環境を実現すること、さらに財政面及び経済面において持続可能な都市経営を可能とするために、医療・福祉施設、商業施設、住居等がまとまって立地する「コンパクトシティ化」の重要性を指摘している。そして都市再生特別措置法の一部が２０１４年に改正され、立地適正化計画制度が創設された。

歴史的な建物が集積しているのは地方都市の市街地もしくは旧市街地であり、このようなエリアは「都市機能誘導区域」もしくは「居住誘導区域」に定められることになり、各区域内で条件に合致する産業施設もしくは住宅は認定を受けることで金融・税制等の様々な支援を受けられるインセンティブが付与されていくだろう。都市計画では郊外でのスプロールを積極的に推進するのではなく、すでに居住誘導区域とされている既成市街地において住宅等を確保していくことが今後いっそう進むと考えられ、ストック活用型社会の追い風になることが期待できる。それゆえ、ストック活用型の不動産事業がいっそう求められるようになることが考えられる。その時に底力を発揮するのが、地域に密着した不動産事業者なのである。

（1）国土交通省土地・建設産業局が安定的な不動産投資の促進、不動産市場の活性化、安心・安全な不動産取引のために、土地に関する情報を把握し提供すべく運用しているサイト（2006年4月に運用開始）https://www.land.mlit.go.jp/webland/

（2）京町家に住みたい人と貸したい人の橋渡しをすることを目的に2002年に設立。京町家再生研究会及び不動産事業者（24社）を構成員として発足。http://www.kyomachiya.net/center/index.html

（3）不動産事業者、建築事務所、研究者、行政職員が京都の住まう・まちづくりに関する課題に関する研究と解決策の提案を行うことを目的に1994年に発足。http://www.tjk-net.com/

（4）1997年に京町家再生研究会と所有者により、明治38年建設の旧河合邸が「セカンドハウス東洞院店」として再生された。それ以前にも京町家を改修して店舗をする事例は見られたが、専門家等の第三者が参画しながら、京町家を継承する意図を持って取り組まれたものの先駆けであるといえる。

（5）京町家情報センターは京町家を扱う不動産事業者が流通に関する窓口の必要性を感じたことから２００１年に発足（２０１９年4月現在25社が所属）。京町家友の会は京町家の居住者及び愛好者で構成され、情報交換や学習会を行っている。１９９９年に発足。
（6）国土交通省「住宅動向市場調査」による。

著者による既発表の関連論文

・大島祥子「ストック活用型社会への展望 —京町家流通の拡大に着目して—」日本都市学会「日本都市学会年報 vol.51」、２０１８年5月
・大島祥子「ストック活用型社会に向けた不動産事業者の役割に関する研究 —京都市内の不動産事業者とストック活用事業の分析を通じて—」日本都市学会「日本都市学会年報 vol.53」、２０２０年5月
・大島祥子「ストック活用型社会に向けた地域密着型不動産事業の可能性に関する研究」２０２０年5月

〈執筆者〉

大島祥子

1970年生まれ。京都府立大学大学院生命環境科学研究科博士後期課程修了。博士（学術）、技術士（建設部門）、一級建築士、宅地建物取引士。スーク創生事務所代表。京都に密着して住まい・まちづくりに関連する活動、研究を行う。主な著書に「京・まちづくり史」（昭和堂・2003・共著）、「ケースで学ぶソーシャルマネジメント」（2009・文眞堂・2009）、「まちづくりコーディネーター」（2009・学芸出版社・共著）、「マンション管理評価読本」（2012・学芸出版社・共著）ほか。

西山夘三記念 すまい・まちづくり文庫（略称：西山文庫）**について**

わが国の住生活及び住宅計画研究の礎を築いた故京都大学名誉教授西山夘三が生涯にわたって収集・創作してきた膨大な研究資料の保存継承を目的として1997年に設立された文庫で、住まい・まちづくり研究の交流ネットワークの充実、セミナーやシンポジウムの開催、研究成果の出版などを行っています。「人と住まい文庫」シリーズは、すまい・まちづくりに関する研究成果をより広く社会に還元していくための出版事業であり、積水ハウス株式会社の寄付金によって運営されています。

ストック活用型不動産事業こそ、地域密着！

～京都の事例から学ぶ～

2021年9月1日発行

著　者　大島祥子
発行者　海道清信
発行所　特定非営利活動法人 西山夘三記念 すまい・まちづくり文庫
〒619-0224　京都府木津川市兜台6-6-4 積水ハウス総合住宅研究所内
電話　0774(73)5701
http://www.n-bunko.org/
編集協力　アザース
デザイン　松浦瑞恵
印　刷　サンメッセ株式会社

Printed in Japan
ISBN978-4-909395-07-8